SAINT FRANÇOIS D'ASSISE

" LE JONGLEUR DE DIEU "

Par A. M.

PROFESSEUR D'ÉCOLE NORMALE
OFFICIER D'ACADÉMIE
TERTIAIRE DE SAINT-FRANÇOIS

SIMPLE ÉTUDE

« ..... Que sommes-nous d'autre que les Chanteurs et les Jongleurs de Dieu ? »

(Saint FRANÇOIS.)

TOULOUSE

" LES VOIX FRANCISCAINES "

6, RUE SAINTE-ANNE, 6

1917

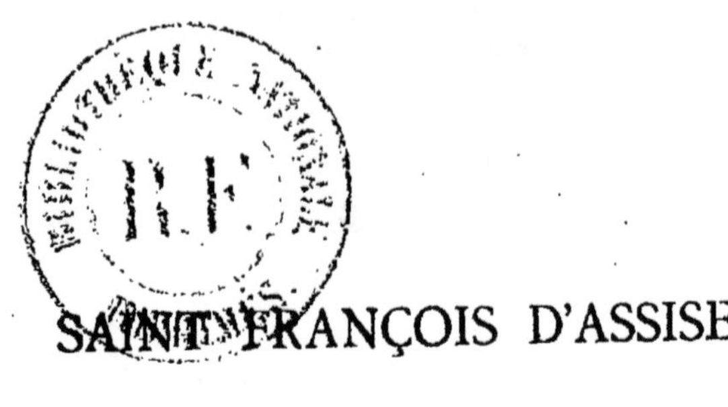

SAINT FRANÇOIS D'ASSISE

" LE JONGLEUR DE DIEU "

SAINT FRANÇOIS D'ASSISE

" LE JONGLEUR DE DIEU "

PAR A. M.

PROFESSEUR D'ÉCOLE NORMALE
OFFICIER D'ACADÉMIE
TERTIAIRE DE SAINT-FRANÇOIS

❧ SIMPLE ÉTUDE ☙

> « ..... *Que sommes-nous d'autre que les*
> *Chanteurs et les Jongleurs de Dieu ?* »
>
> (Saint FRANÇOIS.)

TOULOUSE

" LES VOIX FRANCISCAINES "

6, RUE SAINTE-ANNE, 6

1917

A celui qui m'apprit à connaître et à aimer

François d'Assise,

je dédie cet humble travail.

A. M.

Toulouse, le 23 septembre 1917.

LETTRE A L'AUTEUR

Il se dégage de vos pages sur l'âme poétique de saint François « le Jongleur de Dieu » un charme et un parfum si pénétrants que je veux vous en remercier au nom de tous les dévots du Séraphique Père. D'ailleurs l'accueil fait aux quelques extraits de cette captivante étude parus dans les « Voix Franciscaines », vous est garant de celui que le public fera à l'ouvrage tout entier.

La naïve spontanéité du *Poverello* a de tout temps attiré le cœur des foules, et, de nos jours, savants et chercheurs ont voulu sonder la profondeur de cette âme séraphique. A côté de ces derniers, vous prenez une place éminente.

Vous mettez dans un relief saisissant les qualités naturelles de cet homme si merveilleusement doué, qualités d'ailleurs qui ont d'étroites affinités avec celles du génie français. Cette simplicité, cette clarté, cette délicatesse exquise de sentiment, jointes à une richesse d'imagination, toujours sagement réglée par une raison droite, sont bien des qualités éminemment françaises.

Vous montrez ainsi que la grâce divine en exerçant son emprise sur une âme prédestinée à la plus haute perfection ne détruit pas en elle ce qui est de l'homme, ce qui constitue sa caractéristique individuelle, son originalité.

Plus sage que d'autres, vous ne vous arrêtez pas à ces seules qualités humaines. Vous remontez à la source féconde du lyrisme de saint François, et vous la découvrez dans l'intense amour de Dieu qui animait ce grand cœur. C'est à cette source d'idéal que le « Jongleur de Dieu » puisait ses superbes inspirations. La poésie qui faisait vibrer son cœur comme une harpe harmonieuse, selon la belle expression de saint Bonaventure, était d'inspiration divine et la digne sœur de celle qui brille dans les Psaumes de David ou dans les cantiques des Prophètes. Ainsi vous évitez l'écueil de ceux qui, dans ces derniers temps, se sont attardés à considérer l'homme, en négligeant le séraphin.

Pour analyser avec cette justesse l'âme poétique du Séraphin d'Assise, il vous fallait à la fois une connaissance approfondie de l'esthétique humaine et celle de la littérature franciscaine.

Il vous fallait surtout à un haut degré ce sens du surnaturel en dehors duquel saint François serait dans l'humanité un phénomène inexplicable. C'est de cela que je vous félicite, plus encore que de votre rare talent d'écrivain. Comprendre à ce point l'âme d'un saint François est une grâce signalée d'en haut.

Je vous remercie du fleuron que vous venez d'ajouter à la couronne poétique du Séraphique Père. Je souhaite ardemment à vos pages, pleines d'élégance et d'onction, un grand nombre de lecteurs, surtout parmi les jeunes épris d'idéal. Doucement attirés par les aimables qualités du génie poétique de saint François, ils se sentiront intérieurement excités à marcher sur ses traces par l'imitation de ses vertus surnaturelles. Ainsi votre travail ne sera pas seulement une étude littéraire de haut intérêt : il deviendra une œuvre d'apostolat auprès des âmes qui ne demandent qu'à mieux connaître le « divin Jongleur » pour s'attacher à lui comme au plus parfait idéal de grandeur évangélique, réalisé parmi les hommes depuis les Apôtres.

En demandant au Séraphique Père de bénir l'amour et la dévotion que vous avez pour lui, je vous prie d'agréer l'hommage de mon religieux et respectueux dévouement en Notre-Seigneur et saint François.

Fr. GONZALVE DE SALVIAC, O. M. C.

min. prov.

AVANT-PROPOS

Ce titre de Jongleur, que nous donnons à saint François d'Assise, peut surprendre, car il est pris chez nous parfois dans un sens péjoratif ; mais nous l'avons choisi à dessein, parce que saint François se le donnait à lui-même, comme on peut le voir dans le *Speculum perfectionis :* « Nous, les Frères Mineurs, disait-il, que sommes-nous d'autre que les chanteurs et les jongleurs de Dieu ? ». Nous l'avons choisi aussi parce qu'il nous semble parfaitement convenir à la manière de François d'Assise, quelque peu analogue à celle des rapsodes antiques, qui allaient de ville en ville réciter les poèmes d'Homère, à la gloire des dieux et des héros, et aussi à celle des jongleurs du treizième siècle, qui célébraient la vaillance des preux de nos Chansons de Geste.

Saint François a-t-il fait autre chose que de chanter les louanges du Seigneur Dieu ?

Nous nous sommes inspiré de plusieurs auteurs, et il est juste que nous leur payions notre dette de reconnaissance en les nommant ici. Les auteurs modernes que nous avons consultés sont les suivants :

Ozanam, *Poètes franciscains du xvie siècle ;*

Le Monnier, *Histoire de saint François d'Assise ;*

Johannès Joergensen, *Saint François d'Assise, sa vie et son œuvre ;*

Dona Emilia Pardo Bazan, *Saint François d'Assise,* traduit par le R. P. Raymond, de Millau ;

Arvède Barine, *Saint François d'Assise et la légende des trois compagnons ;*

R. P. Bernard d'Andermatt, *Saint François d'Assise ;*

R. P. Léopold de Chérancé, *Saint François d'Assise ;*

P. Guiseppe Orlando, S. J., *Saint François d'Assise et son influence,* traduit en français par le P. Jean-Baptiste.

Parmi les auteurs primitifs, nous citerons Thomas Célano, *Vita Prima et Vita Secunda* ; Saint Bonaventure, *La légende de saint François*, traduit par M. l'abbé Berthaumier ;

Les Fioretti, ou Petites Fleurs de saint François d'Assise, légendes du moyen âge, traduites de l'italien pour la première fois par M. l'abbé A. Riche ;

Et enfin *Opera omnia Sancti Francisci Assisiatis,* éditées en 1653, à Lyon, chez Pierre Rigaud *Via Mercatoria*, par le R. P. Jean de la Haye, Procureur général des Frères Mineurs en France.

Daigne le Séraphique Poète d'Assise bénir ce modeste travail, dont nous aurions voulu faire un splendide poème à son honneur.

SAINT FRANÇOIS D'ASSISE

" LE JONGLEUR DE DIEU "

CHAPITRE PREMIER

SAINT FRANÇOIS EST UN POÈTE

Objet de cette étude. — Pourquoi et comment saint
François est un poète. — Qu'est-ce qu'un poète ?
— Saint François a le tempérament et les facultés
du poète.

Avant 1913, nous ne connaissions François
d'Assise que de nom. Au mois d'octobre de cette
même année, au cours d'un pèlerinage franciscain, nous fîmes à Assise un séjour qui nous
laissa les plus doux et les plus profonds souvenirs.

Nous fûmes saisi de la grandeur prodigieuse
et complexe de ce saint. A voir son pays, à étudier sa vie et ses œuvres, à considérer le sillon
large qu'il a creusé dans le monde, nous éprou-

vâmes une haute admiration et un tendre amour
pour cet homme extraordinaire, bienfaiteur de
l'humanité, figure étonnante et toujours jeune,
même à ne la voir que par son côté humain.

Nous nous disions que François Bernardone,
avec son air simple et détaché, a plus fait pour
le genre humain que ces savants, qui ont boule-
versé les données de la science et prétendu
découvrir tous les secrets de la vie, sans trouver
de solution aux questions qui nous préoccupent,
et que ces conducteurs d'hommes, qui ont
changé la face des empires sans améliorer le
sort des peuples, car François a remué le monde
moral, et, rien que par l'idée et le sentiment,
il a amené dans son siècle de profondes évolu-
tions, contribué à l'affaiblissement des pouvoirs
féodaux et à l'émancipation des classes populaires. Il a fait monter les âmes, et concouru
puissamment à l'établissement du « Royaume de
Dieu ».

Mais, s'il est de la race de ces redresseurs
de torts que sont nos modernes collectivistes, il
ne se donne pas comme eux des allures de
précurseur, ni de prophète, ni d'apôtre d'une
doctrine nouvelle, car, disciple de Jésus-Christ, il
veut simplement faire rendre à la doctrine du
Maître tout ce qu'elle contient d'efficacité
sociale, et il demande à tous de la pratiquer
volontairement.

Homme de son siècle, il l'était par les habitudes d'esprit, par les sentiments et par les mœurs. Il aimait sa petite patrie, Assise, mieux que Pérouse, sa rivale ; et, jeune homme, il rêvait de chevalerie, de croisade, de romans et de fêtes, comme les jeunes gens de son époque.

Pour le comprendre, il faut se dire que François Bernardone a été un élu, un prédestiné, un homme sur lequel la grâce de Dieu s'est reposée, et dont elle a fait, avec la libre collaboration qu'il lui a donnée, un saint et un fondateur d'ordres religieux d'un genre tout à fait nouveau, par la création du Tiers-Ordre, de même que les dons de sa nature et de son éducation en ont fait, en outre, un chevalier et un poète.

Dans cette modeste étude, nous voulons seulement chercher pourquoi et comment François d'Assise est un poète.

Un poète ? Qu'est-ce à dire ? Un poète est-il un être à part dans l'humanité ? Sans aucun doute. Le poète a une âme plus sensible et plus délicate que toute autre âme ; une âme qui vibre comme une harpe éolienne au plus léger souffle, et qui perçoit tous les sons divins, épars dans les êtres.

Le poète a une âme de fantaisie. Il nous emmène avec lui au pays de l'oiseau bleu, peuplé des êtres qu'il a créés, fées, gnomes et lutins aux mœurs folles. Il nous initie aux caprices des elfes et des djins, qui vont par les nuits sans lune présider aux danses des trépassés, sur la lande ou dans les clairières des bois.

Le poète a une âme subtile. Il surprend les désirs de la rose qui va s'ouvrir, les plaintes des feuilles lorsqu'elles tombent sur le sol pour mourir, les regrets de la glèbe fumeuse, le soir, quand s'éloigne le soleil qui l'a fécondée. Il comprend les gémissements de la tourterelle, et les silences de la luciole qui s'allume dans l'herbe. Il devine le sens des voix assoupies dans la paix des nuits. Il interprète le rayon qui tombe des étoiles sur la terre endormie, comme il interprète les hurlements de la tempête, et aussi les harmonies de la grande mer, qui balance ses flots moirés le long des rocs du rivage.

L'âme du poète est universelle, mais elle l'est à des degrés divers, et ainsi tous les poètes ne se ressemblent pas.

Tel, comme Delille, décrira en petit le spectacle du monde extérieur. Tel autre, comme Lamartine, comme Hugo, comme Musset, comme Byron, exprimera dans une langue harmonieuse avec la musique des vers, ses désirs, ses tristesses, ses jalousies, ses amours, ses enthousiasmes et ses adorations, chantera ses deuils et ses joies, et, se prenant pour le centre du monde, il se racontera lui-même inlassablement dans ses poèmes lyriques.

Tel autre encore, comme Shakespeare, Corneille, Racine, Molière, Lope de Vega, prendra les passions humaines, les bonnes et les mauvaises, les incarnera dans des personnages qu'il mettra sur la scène, et il en fera des drames, des comédies ou des tragédies.

Tel autre enfin, comme Homère, comme Virgile, comme Le Dante, comme Le Tasse, comme Le Camoëns, comme les auteurs de nos Chansons de Geste, livrera son âme à toutes les impressions profondes de son siècle, il recueillera ainsi, comme une plaque photographique, les idées, les sentiments, les misères, les luttes, les passions des hommes de son temps ; il les ressentira plus vivement qu'un autre ; il sera la voix qui chante toutes les joies, le sanglot qui pleure toutes les souffrances, l'olifant qui enflamme tous les courages, et il écrira les grands gestes, les gestes épiques de l'humanité, dans les chansons populaires, des épopées, que les rapsodes, les trouvères et les troubadours iront chantant et illustrant de siècle en siècle.

Le poète a donc, à un degré plus éminent qu'un autre homme, les facultés profondes et superbes de la sensibilité et de l'imagination, et c'est avec ces deux facultés surtout qu'il s'élève, qu'il s'amplifie, qu'il se dédouble, pour ainsi dire, afin d'essayer de tout comprendre.

Avec sa sensibilité délicate et ardente, il est plus facilement ému par le spectacle de la beauté et de la laideur ; il ressent plus vivement la joie, mais sa souffrance est aussi plus amère ; il se donne plus complètement ; en un mot, il aime plus et mieux.

Avec son imagination puissante, il agrandit toutes les images ; il se fait du monde une idée moins réaliste et moins petite ; il magnifie les réalités laides ou pauvres, et nous transporte dans cette humanité supérieure où son âme se meut.

Et si, à ces dons naturels de l'esprit et du cœur, vous ajoutez les instincts de l'atavisme et les bienfaits de l'éducation, et, au-dessus de tout, le don divin de la grâce, vous aurez un grand poète, qui sera en même temps un grand saint.

Et ce sera François d'Assise.

François Bernardone a reçu du ciel le don de poésie, comme l'oiseau a reçu ses ailes et la fleur son parfum. Doué des plus hautes et des plus belles passions, l'amour, le courage, la pitié, l'enthousiasme, Dieu lui donna pour les exprimer le plus beau des langages terrestres, le langage de la poésie et du chant. Il est donc le poète-né.

Il est encore poète de race française, car sa mère Dona Pica était provençale. Or, la Provence, c'est le pays de la poésie, le pays des chansons et des cours d'amour, le pays du « parler délectable » et du « gay savoir ». L'éducation maternelle a développé dans l'esprit et le cœur du jeune François les dons de la nature et de la grâce. Jeune, il s'est nourri l'esprit de romans de chevalerie qui lui ont donné un goût très vif pour les aventures héroïques, pour les fêtes, pour les belles étoffes et les beaux habits, pour la musique, la poésie et les arts, en un mot, pour la pratique d'une vie supérieure à celle de son milieu familial et social, et cet attrait de l'idéal moral et religieux, qu'il devait porter jusqu'aux plus hauts sommets.

François Bernardone n'a pas seulement le tempérament, il a encore les facultés du poète. Il a l'imagination brillante et rêveuse, une sensibilité exquise et douce, un cœur d'or ; c'est le délicat par excellence, que tout émeut, qu'un chant d'oiseau transporte, qui pleure devant l'agneau qu'on va tondre ; l'âme secourable et tendre qui redoute toute peine pour toute créature, et qui en cherche aussitôt le remède. Il prend le ver qui rampe à ses pieds, et le pose dans l'herbe du fossé, afin que le passant ne l'écrase pas ; il achète les tourterelles qu'un enfant a prises, et leur fait des nids dans les buissons ; il porte aux abeilles du miel pour les nourrir en hiver, et du vin pour les réchauffer. Sa charité immense s'étend à toute la nature et à tous les êtres créés, qu'il aime d'une tendresse fraternelle.

A ces qualités brillantes et tendres, François

Bernardone joint les qualités les plus solides : un jugement précis, sobre, juste, triple privilège de sa belle et sérieuse intelligence. Il a aussi la merveilleuse liberté d'un esprit primesautier. Il reçoit du crucifix de Saint-Damien l'ordre de relever les ruines de l'église, et aussitôt il va chercher des pierres et les porte autour de la chapelle délabrée.

Il part en prédication avec Frère Massée, mais n'a pas déterminé à l'avance le lieu où il ira. Sera-ce à Sienne, à Florence, à Arezzo ? « Quelle route prendrons-nous, Père ? dit Frère Massée. — Celle que Dieu voudra, répond François. Je vous ordonne, Frère Massée, par le mérite de la sainte obéissance, de vous arrêter ici, de réciter le *Pater* en tournant sur vous-même ». Frère Massée tourne jusqu'à en être ébloui. Lorsqu'il dit : *Fiat voluntas tua !* « Arrêtez, dit François, vers quel côté êtes-vous tourné ? — Vers Sienne, dit Massée. — Voilà, dit François, la route que Dieu veut que nous prenions ». Et tous deux se dirigent sur Sienne, que Frère Massée regarde à cet instant précis (1).

Il est sur la montagne de l'Alverne, que le comte Orlando de Cattani lui a donnée. Où va-t-il établir l'ermitage de ses religieux, au milieu de ces prés verdoyants, de ces pentes agrestes, de ces sommets rocheux ? Patience,

(1) *Fioretti*, chap. XI.

voici une nuée d'oiseaux qui va le tirer d'embarras. Par leurs battements d'ailes et leurs cris joyeux, ils lui souhaitent la bienvenue, et c'est sûrement de la part de Dieu qu'ils viennent lui commander de bâtir les huttes des moines au sommet du plateau couronné de grands hêtres, qui forme la crête de la montagne. François a pris le doux langage des oiseaux pour une invitation à demeurer en cet endroit, et pour une marque de la volonté de Dieu.

Il s'en va vers Foligno avec Frère Ange, en devisant pieusement. Viennent à passer deux pauvres gens qui s'arrêtent devant lui, et lui demandent une aumône et une prière. Il donne son manteau, et, priant son compagnon de l'attendre un moment, il s'agenouille incontinent dans la poussière, fait dévotement le signe de la croix, et récite une fervente prière pour l'âme et le corps des deux malheureux.

Et ainsi toujours, François est un naïf sublime, en qui l'homme, le poète et le saint se marient délicieusement. Il a reçu de Dieu les dons poétiques les plus beaux, et il en a fait le meilleur et le plus haut usage, en les employant à chanter la gloire et la bonté du Créateur.

CHAPITRE II

SAINT FRANÇOIS EST UN POÈTE LYRIQUE

Il a le sentiment de la nature, il la glorifie et il la chante. — Il a l'amour du beau en toutes choses, — Il aime sa patrie. — Il aime le peuple et les malheureux. — Il aime ses frères. — Il a par-dessus tout l'amour de Dieu.

On l'a vu, tous les poètes ne se ressemblent pas, et, selon l'idéal qu'ils conçoivent et les sujets qui les inspirent, ils appartiennent à des groupes différents, qu'on appelle des genres poétiques.

Quelle sorte de poète est donc François d'Assise ? Nous répondrons : saint François est un poète lyrique, car il chante. Il est de la famille des David et des Salomon, des Orphée et des Pindare, des Horace et des Virgile, des Lamartine et des Hugo, des Musset et des Chénier.

Mais il est avant tout un poète religieux. Son âme, semblable à celle des lyriques profanes par l'abondance et la chaleur de l'inspiration, leur est bien supérieure par l'élévation morale

et religieuse ; lyre frémissante, mise en perpétuelle vibration par les sentiments les plus
puissants et les plus élevés qui soient au cœur
de l'homme : l'amour de la nature, l'amour de
la beauté en toutes choses, l'amour de la patrie,
l'amour d'autrui, l'amour de Dieu.

L'amour de la nature, François l'avait au
plus haut degré. Son cœur se dilatait devant
les beaux spectacles qu'elle lui offrait, et il
éprouvait toujours le besoin de les chanter.
Il s'enthousiasmait devant un beau coucher de
soleil, passait de longues heures à contempler
l'aurore, le crépuscule et le firmament étoilé, se
plaisait à écouter, la nuit, les trilles du rossignol, et lui répondait en essayant de l'imiter ;
embrassait les arbres, baisait les fleurs, et
s'extasiait en présence du velouté et de la
fraîcheur des fruits.

Il aimait la nature en toutes ses saisons.

Certes, l'hiver le faisait souffrir, car son
corps délicat redoutait la bise et les frimas,
mais il domptait sa chair frileuse, et l'exposait
nue aux morsures du froid. Même il retrouvait
en hiver les joies du poète, et son cœur pieux
glorifiait Dieu des charmes du givre, qui ourle
de perles les feuilles des myrtes et des lauriers,
et qui accroche aux branches des pendentifs
de cristal. Il rendait grâce pour les bontés
maternelles de la neige, qui enveloppe douil-
lettement la terre, et ouate tendrement les troncs
d'arbres, afin de les préserver du gel.

A l'aurore ou au frais matin, en compagnie de Frère Massée ou de Frère Léon, quand il dévalait le long des sentiers bordés de haies, où riaient les baies écarlates de l'églantier, parmi les houppettes de la viorne et les sombres grappes du lierre, il priait, il chantait et célébrait les gouttes de rosée suspendues au bout de chaque branche et de chaque brindille, étincelantes comme des diamants.

La jeunesse du printemps le ravissait. Il écoutait craquer les bourgeons, les regardait sortir de leur gaîne lustrée, et bénissait les forces de vie brisant chaque enveloppe, et s'épanouissant au bon soleil dans tous les êtres.

En été, il jouissait pleinement de la splendeur des jours et des belles nuits sereines. Il observait à ses pieds les jolies bêtes du bon Dieu, coccinelles rouges à taches noires, carabes dorés ; il connaissait tous les oiseaux à leur chant et à leur plumage, et suivait, enivré, le vol des papillons et des libellules, se jouant dans les airs, ou se posant sur les fleurs des prés.

Mais le poète de Dieu aimait par-dessus tout la féerie de l'automne, sur les pentes de l'Alverne ou les ravins des Carceri, où il pouvait assister mieux que dans la vallée aux décors merveilleux de la nature agreste à son déclin.

A l'arrière saison, le Souverain Poète des cieux

fait chanter pompeusement sa gloire par les
voix humbles et douces, profondes et harmonieuses des couleurs et des formes. Avant de
laisser l'hiver dépouiller les frondaisons, il
prend sur sa palette céleste et fait ruisseler sur
elles tous les ors les plus magnifiques, ors bruns,
ors fauves, ors roux, ors verts, ors jaunes, et,
comme pour les consoler de leur mort prochaine,
il patine chaque feuille avec amour, et avec cette
fastueuse variété de tons que la jeune saison
ne connaît pas.

Et François se réjouissait de toutes ces
magnificences et les faisait remarquer à ses
compagnons, plus frustes ou plus indifférents.
Avec eux, il exultait de la riche moisson des
fruits, s'attardait sous les arbres pour admirer,
ici le petit gland vert coiffé de son calot brun,
là le pompon gris du platane, roulé en boule
épineuse comme un minuscule hérisson, ou les
ailettes légères de l'érable, ou les franges
pimpantes du coudrier, et les beaux marrons
roux, parés de leur tache blanche qui les
couronne comme d'une médaille.

Il enseignait à ses frères à voir et à goûter
les charmes de la vie simple et champêtre.
«Voyez, disait-il à Frère Massée, qui se plai-
gnait de n'avoir ni table, ni couteaux, ni plats, ni
assiettes, ni maison, voyez le trésor que nous
tenons de la Providence, cette belle pierre plate
qui nous sert de table, cette fontaine limpide

où nous allons boire, et apprenez à remercier Dieu qui nous les prête » (1).

Il aimait toutes les créatures de Dieu, animées et inanimées, et il ne pouvait souffrir qu'on leur fît du mal. « Il recommande à ses frères les bûcherons de ne point blesser la souche de l'arbre afin de lui laisser l'espoir de pulluler de nouveau » (2). Il leur était reconnaissant de leurs services : « Chante, ma sœur Cigale, disait-il à la cigale de la Portioncule, loue le Seigneur avec ton cri de jubilation ! » Elle chantait. Et pour la remercier, le saint passait doucement le doigt sur elle (3).

Avant de quitter l'Alverne, il rend grâces à frère faucon qui, pendant la nuit, l'éveillait à l'heure des matines. Il avait une préférence marquée pour l'alouette. « Notre sœur l'alouette a un capuchon comme nous, disait-il, et c'est un oiseau bien humble, car elle va sur le rebord du chemin pour y trouver un grain de blé. Ses plumes ont la même couleur que la terre, et nous sont un modèle pour nous apprendre que nous ne devons point porter de beaux habits, mais des habits simples et pauvres. Et quand elle s'envole dans les airs, notre sœur l'alou-ette, elle loue Dieu d'une façon délicieuse,

(1) *Fioretti*, chap. XIII.
(2) Thomas Celano, *Vita Prima* et *Vita Secunda*.
(3) Idem, *ibidem*.

comme doivent le faire les bons frères de l'Ordre » (1).

Il écoute murmurer notre frère le vent, si rapide et si doux », « gazouiller notre sœur l'eau, si claire et si pure », lorsqu'elle court sur son lit de blancs cailloux ; pétiller « notre frère le feu, si énergique et si éclatant. »

Aussi les créatures lui rendaient amour pour amour, et lui obéissaient comme à **Adam dans le Paradis terrestre**, avant la première faute. Tous les animaux, toutes les plantes, tous les éléments redevenaient envers lui soumis et bienfaisants, parce que Dieu lui avait rendu sur eux l'empire souverain qu'Adam avait perdu par le péché.

Les animaux s'attachaient à ses pas, et ses chroniqueurs citent une tanche, un levraut, un lapin de garenne et quantité d'autres bêtes, qui ne voulaient plus le quitter. « A Sienne, dans les dernières années de sa vie, un noble lui donna un faisan bon à manger. Le Saint accueillit le bel oiseau avec une courtoisie extrême : « Frère faisan, lui dit-il, que notre Créateur soit loué ! » Le faisan battit des ailes à cette invitation. « Il faut voir, ajouta François, si notre frère veut demeurer avec nous, ou s'il aime mieux retourner dans ses bois. » Sur son ordre, on le porta dans une vigne, mais l'oiseau

(1) *Speculum Perfectionis*, chap. CXIII.

revint à tire d'ailes. On le porta plus loin. Il était de retour avant celui qui l'avait porté. Il entra même dans la cellule de François en se glissant sous la tunique des frères qui en gardaient l'entrée. Pour le coup, François embrassa le fidèle, lui fit un discours caressant, et ordonna qu'on lui servît à manger. Il le donna à son médecin qui, instruit du fait, s'était pris d'admiration et l'avait demandé. Le faisan ne l'entendait pas ainsi. Chez le médecin, il refusa toute nourriture. On le rapporta au couvent. Il fixa un long regard sur le Père, donna les signes de la joie la plus vive, et se mit à manger avec appétit » (1).

Les bêtes nuisibles même trouvaient grâce devant ses yeux, et les animaux féroces devinrent parfois ses amis et ses serviteurs. Le loup de Gubbio lui donne sa patte, en signe d'alliance et de soumission, et devient doux comme un agneau, dès que François lui eut fait des remontrances : « Frère loup, lui dit le saint, tu causes d'immenses ravages dans cette contrée ; tu t'es rendu coupable de grands crimes, en blessant et en faisant mourir les créatures de Dieu sans sa permission. Tu ne t'es pas contenté de déchirer et de dévorer les animaux, tu as poussé l'audace jusqu'à donner la mort à des hommes créés à l'image de Dieu ; tu mérites, après

____

(1) Le Monnier, t. II, p. 307.

tant de forfaits, d'être traîné aux fourches comme un brigand et un infâme homicide. Tout le monde crie et murmure contre toi, et tu es un objet d'horreur pour tous les habitants de la ville. Mais, je le veux, frère loup, tu vas te réconcilier avec eux ; tu leur promettras de ne plus leur causer aucun tort, et ils te pardonneront tous les ravages ; et, ni eux ni leurs chiens ne te poursuivront plus désormais » (1). Ainsi fut fait. Et le loup vécut encore deux ans dans Gubbio, allant de porte en porte pour chercher sa nourriture. Et depuis, nul ne lui fit aucun mal.

Si l'histoire du loup de Gubbio a été exagérée par l'enthousiasme et la simplicité des contemporains de François, il n'en reste pas moins que le saint avait un pouvoir merveilleux sur les animaux, qui reconnaissaient en lui un ami et un maître.

Et par là, par cette note qui lui est bien personnelle, le Poète séraphique se place à côté des prophètes juifs et des martyrs chrétiens, qui, eux aussi, ont exercé un souverain empire sur les animaux. Dans l'Ancien Testament, le prophète Daniel voit les lions se coucher à ses pieds dans la fosse où l'a fait descendre le roi de Babylone. Le prophète Elie est servi miraculeusement au désert par des corbeaux,

____

(1) *Fioretti*, chap. XXI.

qui lui apportent de la viande et du pain. Dans le Nouveau Testament, Notre-Seigneur Jésus-Christ, au désert où il se retire pendant quarante jours, « vécut au milieu des bêtes farouches, lions, léopards, chacals, qui ne lui firent aucun mal, car sa sainteté exerçait sur la nature sauvage un souverain empire » (1). Le Maître délègue sa puissance à ses amis : saint Paul, ermite, est enseveli au désert par des lions ; sainte Blandine, au milieu du cirque, loue et bénit Dieu, pendant que les lions amenés pour la dévorer, se couchent autour d'elle et lui lèchent les pieds. Ainsi, dans la solitude des ermitages, les saints vivent avec les bêtes et les apprivoisent, et dans l'arène, les martyrs sont souvent respectés par elles.

Les plantes elles-mêmes obéissaient. Ainsi la vigne du curé de Riéti, abîmée et ravagée par le peuple accouru pour voir saint François, mais bénite ensuite par lui, poussa merveilleusement et donna à son propriétaire du vin en telle abondance, que jamais sa cave n'avait été si bien remplie (2).

Certes, les poètes lyriques de tous les siècles ont aimé et magnifié la nature. Orphée, dit-on charmait les animaux féroces par les sons divins qu'il tirait de sa lyre. Virgile a célébré en vers

(1) Saint MARC, 1-13.
(2) *Fioretti*, chap. XIX.

charmants les moissons, les prés, les travaux champêtres. Victor Hugo a chanté la gloire des soleils couchants et la majesté des océans en furie. Lamartine a glorifié la vie des champs, le lac, le vallon, le soir, la beauté de la femme, les attirances de la terre natale. Musset a plus spécialement traduit les passions orageuses de l'amour humain, et exhalé en vers immortels les angoisses et les douleurs de l'homme qui n'a pas la foi, et que le néant effraie. André Chénier a exalté en alexandrins superbes les beautés diverses, tour à tour grandioses ou charmantes, de la terre de France. Et tant d'autres qui nous viennent à l'esprit, et dont la liste serait trop longue, ont admiré et chanté la nature !

Mais plus et mieux qu'eux tous, François d'Assise l'a comprise et aimée, parce qu'il a vu en elle une symphonie immense, dont toutes les voix redisent le nom de Dieu. Personne avant lui, et personne après lui, n'a aimé la nature avec cette tendresse naïve et fraternelle. Nul, pas même le doux Virgile, presque chrétien, n'a appelé les animaux «mes frères», et les plantes «mes sœurs.»

Saint François les surpasse encore par le sentiment qu'il a d'être, au même titre que tous les êtres inférieurs, l'enfant de Dieu, par conséquent, leur frère. Il se sent de la même famille, et il est constamment occupé, dans ses relations avec les choses créées, à leur rappeler le Père commun, et à les inviter à Le glorifier, et à Le remercier.

A cet amour de la nature, avec cette compréhension poétique et religieuse qu'il en a, et qui le porte sans cesse à la chanter, François d'Assise unit dans son grand cœur l'amour de la beauté en toutes choses.

Alors qu'il ne concevait pas encore un idéal plus haut, qu'il ne voyait pas une forme de vie supérieure à celle-là, il recherchait la beauté dans les choses extérieures, aimait à se parer de beaux habits, d'étoffes soyeuses, à donner des repas somptueux et gais, à fréquenter les fêtes resplendissantes et tapageuses, cours d'amour, joutes, assauts d'armes. Il rêvait de porter l'épée, de chausser les éperons de chevalier, et s'engageait même sous les ordres de Gauthier de Brienne, pour aller combattre dans la Pouille. Il eût aimé défendre les couleurs de sa dame dans les tournois.

Tout ce qui était beau et grand le captivait, et cet attrait puissant devait monter jusqu'à Dieu même.

En méditant l'Evangile, il en vint à mépriser la richesse, et à aimer l'humble pauvreté. «La richesse, en effet, était l'effroi du Maître ; Il savait qu'elle forme autour de l'âme des filets invisibles, l'enlace et l'attache à la terre » (1).

---

(1) FOUARD, *Vie de Jésus*, 2-132.

Et quand François eut compris que cette richesse, loin de nous rapprocher de Dieu, nous en éloigne, loin d'unir les hommes, les divise, quand il eut clairement compris cela, François se dépouilla de tout, abandonna ses biens et ses vêtements à son père, prit l'habit des pénitents, un sac, une corde, des sandales, et épousa Dame Pauvreté, « veuve de son premier mari depuis mille ans et plus, et qui, délaissée et obscure, avait attendu jusqu'à celui-ci sans qu'on lui fît d'avances ; cette femme à laquelle, comme à la mort, nul n'ouvre sa porte avec plaisir » (1).

Cet idéal de pauvreté, le plus haut qui se soit imposé à l'esprit et au cœur de l'homme, celui qui l'a le plus rapproché de l'Homme-Dieu, François l'a aimé jusqu'au don absolu de soi, et il lui est resté fidèle jusqu'à la mort.

D'instinct cependant, François aimait tout ce qui rend la vie belle et séduisante, et aussi ce qui la rend noble, comme les arts, la musique, le chant, les vers.

Ame joyeuse et aimable, il s'adonnait, dans son adolescence, à la « gaie science » avec une ardeur sans égale, et, roi de la jeunesse d'Assise, il chantait avec ses compagnons des vers français, en s'accompagnant de la viole et du luth ; « il n'était que rires et chansons » (2) ; il aimait

(1) Le Dante, *Paradis*, chant XI.
(2) Arvède Barine, *Saint François d'Assise*, chap. I.

à danser dans les fêtes, farandoles gracieuses, rondes folles, tarentelles piquantes, car il avait le don charmant de la gaîté et de l'entrain.

Plus tard, lorsque Dieu l'eut pris pour lui, Il lui donna la pleine joie, même au milieu des plus grandes souffrances corporelles. Un jour qu'il était malade, il demanda à un frère de lui jouer de la guitare ; le frère eut peur du qu'en dira-t-on et ne le voulut pas. Toute la nuit suivante le saint fut consolé par les merveilleuses mélodies d'un luth tenu par un ange, qui allait et venait sous la fenêtre. Lorsque son cœur était trop plein de la sainte joie de Dieu, il chantait des laudes en s'accompagnant d'une sorte de violon, qu'il fabriquait lui-même avec deux bâtons. « Il appuyait l'un sur le bas de sa joue et le frottait avec l'autre comme avec un archet, et il chantait doucement la mélodie qu'il entendait au dedans de soi ; il chantait en français, en imitant les mouvements du ménestrel, et souvent il remuait tout son corps en mesure ; puis, laissant tomber la viole et l'archet, il fondait en larmes brûlantes, et se perdait délicieusement dans un flot d'extase et de joie » (1).

François d'Assise aima sa patrie d'un tendre et profond amour. Au treizième siècle, la patrie, c'était encore la cité, car les nations n'étaient

____

(1) JOERGENSEN, chap. III.

pas nées. Et la patrie de François, ce n'était ni l'Italie, ni même l'Ombrie, c'était la petite ville d'Assise, riant au soleil, en face de Pérouse, sa rivale. La patrie, c'était encore le parti politique auquel on appartenait, dans cette Italie du treizième siècle divisée en deux camps, et c'était donc, ou le parti gibelin si l'on était avec l'Empereur d'Allemagne, ou le parti guelfe si l'on était avec le Pape.

François était du parti guelfe avec le plus grand nombre des habitants d'Assise ; et lors du mouvement communal, il s'enrôla avec eux pour lutter contre les seigneurs féodaux, alliés à la ville Gibeline de Pérouse. François fut fait prisonnier dans la bataille qui s'engagea, et dans laquelle Assise fut vaincue. Par la suite, François et les frères pénitents continuèrent à défendre les droits de leur patrie et de la papauté, contre l'envahisseur Frédéric II, qui les regardait comme ses plus grands ennemis.

Quant à sa ville natale elle-même, François la chérissait d'une tendresse douce et profonde et il eut toujours pour elle une prédilection touchante. Jamais il ne la quitta tout à fait ; il en parlait avec attendrissement, y revenait après ses diverses prédications, et, quand il se sentit trop malade, c'est à Assise qu'il voulut mourir. Sur le chemin d'Assise à Sainte-Marie-des-Anges, où ses disciples le transportaient en civière, le Séraphique Père, presque aveugle et mourant, se fit tourner vers la chère cité qui l'avait vu naître, la contempla un moment en silence, se recueillit pieusement, et, tandis que les larmes coulaient sur ses joues amaigries, il la bénit en ces termes : « Sois bénie du Seigneur, ô Assise, cité fidèle à Dieu, parce qu'Il t'a choisie pour être la demeure de tous ceux qui Le reconnaissent et Le glorifient, et parce qu'en toi et par toi, beaucoup d'âmes seront sauvées. » Cette bénédiction, Assise l'a fait graver au fronton de sa porte principale, pour marquer que si saint François aimait sa cité, en retour, la cité fidèle le chérit comme le meilleur et le plus grand de ses fils. La Colline d'Enfer, où s'élève depuis 1229 le Sagro-Convento et la basilique, garde à jamais son corps, et à cause de son fils François Bernardone, Assise, dans tous les siècles, s'appellera la Cité Séraphique.

L'amour de la patrie est un sentiment souvent plus instinctif que réfléchi, mais pour aimer son prochain, il faut sortir de soi, vaincre son égoïsme, tendre son être vers les autres, écouter battre leur cœur et en rapprocher le sien ; il faut de la volonté et de la charité.

Ame de miséricorde et d'amour, François d'Assise aima les hommes avec une tendresse forte et douce, active et profonde. Il aima tout dans l'homme, l'âme et le corps, les misères

morales et les misères physiques. Toute douleur,
toute faiblesse, toute peine l'émut et le fit pâtir.
Il mit constamment son cœur près du cœur de ses
frères, prit sa part de leur peine, les consola,
les échauffa de sa propre flamme, et les projeta
avec le sien jusque dans le cœur de Dieu. Il
pleurait avec les malheureux, les petits, les
malades, les infirmes, comme devant le crucifix,
quand il évoquait les souffrances de l'Homme-
Dieu. Ceux que personne n'aimait avaient ses
préférences, les méprisés, les pauvres, les
pécheurs devenaient ses amis. Il portait la
charge des malheureux pliés sous le faix, leur
donnait ses vêtements, partageait son manteau,
comme saint Martin, pour que plus de miséreux
fussent secourus. Il en vint à préférer les
lépreux, objet de dégoût pour tout le monde ;
il lavait leurs plaies, mangeait dans leur écuelle
et les embrassait. Non que sa nature le portât
à cette condescendance, car il était délicat et
raffiné d'instinct, et au début de sa conversion,
« la vue des lépreux lui était si pénible, que
non seulement il ne voulait pas les regarder,
mais il évitait de s'approcher de l'endroit où
ils habitaient, et, quand il en rencontrait, il avait
soin de détourner la tête et de se boucher le
nez. Mais, par la grâce de Dieu, il devint familier avec eux, et se fit si bien leur ami qu'il
restait longtemps parmi eux, et les servait
humblement » (1).

(1) *Légende des trois Compagnons*, chap. IV.

« Il avait établi que les religieux de son Ordre devaient soigner les lépreux. Un jour, des frères, se trouvant de service dans un hôpital voisin, y rencontrèrent un lépreux si impatient, si intraitable et si méchant, que chacun le croyait possédé du démon. Il frappait ceux qui le servaient et blasphémait le Christ béni et sa très sainte Mère... On ne trouvait plus personne qui pût ou voulût le soigner..... Le saint vint trouver le malade ; il l'aborde et le salue par ces paroles : « Dieu vous donne la paix, mon très cher frère ! » — Eh ! quelle paix peut-il me donner, maintenant qu'il m'a privé de tout calme et de tout bien et qu'il a fait de mon corps un cadavre fétide et pourri..... Et puis, mon infirmité n'est pas la seule chose qui me fasse souffrir ; les frères que vous m'avez donnés pour me soigner ne me servent pas comme ils le devraient. » Saint François pria, puis répondit : « Mon fils, puisque vous n'êtes pas content de nos frères, je veux désormais vous soigner moi-même. — Volontiers, reprit le malade, mais que pourrez-vous faire de plus que les autres ? — Tout ce que vous voudrez, reprit le saint. — Eh bien, dit le lépreux, je vous demande que vous me laviez tout le corps, car l'odeur qui s'en exhale est si infecte que je ne puis plus me souffrir moi-même ». Le saint fit aussitôt chauffer de l'eau avec des herbes aromatiques, puis, après avoir dépouillé le lépreux de ses vêtements, il se mit à le laver de ses propres mains, tandis qu'un frère lui versait l'eau dont il avait besoin. Alors, par un miracle tout divin, la lèpre disparut de chaque partie du corps à mesure que saint François la lavait, et les chairs devinrent parfaitement saines. Et en même temps que le corps se guérissait, l'âme prenait un état meilleur.... Lorsqu'il se vit entièrement guéri du corps et de l'âme, le lépreux tomba à genoux et demanda humblement pardon de ses fautes ». (1).

François considérait que tout ce qu'il avait, ainsi que ses religieux, manteau, robe, tunique, pantalon, appartenait aux pauvres : « Tout cela, déclarait-il, est leur propriété, et je me regarderais comme un voleur si je le retenais pour moi ». Les frères avaient bien de la peine à lui garder un habit, car il donnait tout ce qu'il avait. On le nommait le Père des pauvres, « car, dit Célano, il voyait en eux Jésus-Christ ».

Il aimait jusqu'aux plus grands pécheurs. « Un jour, trois brigands se présentent au couvent de Mont-Casale et demandent des vivres à Frère Ange qui en était gardien. Celui-ci les reçoit durement et leur dit : « Quoi donc, cruels assassins, ce n'est pas assez pour vous de ravir le fruit des sueurs d'autrui, vous oseriez encore dévorer les aumônes des serviteurs de Dieu ! vous êtes indignes d'être supportés sur la terre,

____

(1) *Fioretti,* chap. XXV.

infâmes, qui n'avez aucun respect ni pour les hommes, ni même pour le Dieu qui vous a créés. Partez, et que jamais je ne vous retrouve ici ». En ce moment rentra saint François avec une besace de pain et un vase de vin, qu'il venait de mendier avec son compagnon. Le gardien lui raconta la manière dont il avait reçu les trois voleurs. Le saint l'en reprit vivement, et lui reprocha de s'être montré cruel envers ces malheureux pécheurs, pour lesquels Jésus-Christ est mort. — « Pour vous, ajouta-t-il, puisque vous avez péché contre la charité et le saint Evangile, je vous ordonne, par le mérite de la sainte obéissance, de prendre cette besace et ce vase, de courir après ces malfaiteurs, et de leur donner ce pain et ce vin. Puis, vous vous prosternerez devant eux, vous leur demanderez humblement pardon de votre dureté, et ensuite vous les conjurerez de ma part de renoncer à leur vie criminelle, de craindre Dieu et de ne plus l'offenser, car le Christ béni est venu en ce monde pour racheter les pécheurs ». Et ainsi arriva-t-il. Les brigands renoncèrent au démon, et changèrent de vie. Le saint les admit dans son Ordre, où ils firent une pénitence très sévère » (1).

Le petit peuple des campagnes, humble et laborieux, se pressait sur les pas de François,

____

(1) *Fioretti,* chap. **XXVI.**

les hommes se rangeant respectueusement autour de lui, les mères lui présentant leurs enfants, tous s'agenouillant pour recevoir sa bénédiction. Paysans, serfs attachés à la glèbe, petits boutiquiers, pauvres tâcherons se sentaient aimés et soutenus par l'ami de Dieu, et, pour se rapprocher davantage de lui, beaucoup lui demandèrent de les recevoir parmi les frères. C'est pour eux qu'il institua le Tiers-Ordre, où toute la famille, le père, la mère et les enfants, pouvaient s'abriter sous la protection de celui qu'on nommait partout le Père du peuple. Le Tiers-Ordre devint ainsi une œuvre d'affranchissement contre toutes les tyrannies sociales, et principalement contre les exigences injustes des grands feudataires. Le mouvement communal en Ombrie fut favorisé puissamment par cette association religieuse, qui composa la masse des milices, combattant partout dans les lignes lombardes, contre les empereurs germains, ou contre les seigneurs féodaux, dont elle obtenait des chartes de libération, et ainsi la féodalité fut en partie vaincue par le Tiers-Ordre, qui émancipa bourgeois et paysans, avec l'aide des évêques et du Pape. Grâce à saint François, la démocratie italienne eut donc son berceau dans la règle de son troisième Ordre religieux.

Quant aux Frères Mineurs, François les aime avec la tendresse d'une mère. Il se plaisait à dire qu'ils étaient à lui, que Dieu les lui avait donnés, et il les appelait « siens ». Il avait une compréhension parfaite de leurs besoins, et tâchait de satisfaire même leurs désirs autant qu'il le pouvait. Il avait pour eux des condescendances touchantes. Celano, dans la *Vita Secunda,* raconte que « vers la fin de sa vie, les frères qui ne l'avaient pas vu brûlaient du désir de le voir et d'être bénis de lui... Deux d'entre ceux-là étaient allés un jour à Grecio dans cette pensée. Par contre temps, c'était un de ces jours que François consacrait exclusivement à la méditation. Il y avait, en ces occasions, défense de le troubler... Ils s'en retournaient désolés, quand le saint apparut à la fenêtre de sa cellule. Il devina leur désir : « Regardez-moi », leur cria-t-il. Ils le regardèrent, et il leur donna sa bénédiction. Leurs vœux étaient comblés.

Deux autres frères venus de France, eurent un bonheur plus complet. Ils l'avaient rencontré avant d'arriver à la Portioncule ; l'entretien était bientôt devenu affectueux, plein d'abandon et de suavité. L'un d'eux crut pouvoir risquer un vœu indiscret. Il lui demanda s'il ne voudrait point lui donner sa tunique : « Très volontiers, mon frère, répondit François, à condition que vous me donniez la vôtre ». Ils se dépouillèrent séance tenante, et l'échange fut fait. Le frère était au comble de la joie » (1).

(1) Cité par LE MONNIER, t. II, p. 256.

Le *Speculum Perfectionis* nous cite les traits suivants. C'était à Rivo-Torto, dans les premiers temps de la communauté, où la vie était si rude et si austère. « Une nuit, l'un des frères réveilla ses compagnons en s'écriant d'une voix gémissante : « Je meurs, je meurs ! » Lorsque tout le monde fut réveillé, François dit : « Mes frères, nous allons nous lever et allumer la lampe ». Puis, quand la lampe fut allumée, il demanda : « Qui est-ce qui a crié qu'il mourait ? » — L'un des frères répondit : « C'est moi ! » — Et François lui demanda : « Mais que te manque-t-il donc, mon cher frère, pour que tu parles de mourir ? » — A quoi le frère répondit : « Je meurs de faim..... » Sur l'instant, François fit couvrir une table, et y prit place lui-même avec le frère affamé, pour que celui-ci n'eût point la honte d'avoir à manger seul ; et il engagea également les autres frères à se mettre à table.

« Une autre fois, François, s'étant levé très tôt, emmena avec lui dans une vigne un jeune novice malade, qui, à son avis, se trouverait bien de manger, à jeun, une grappe ou deux. Arrivé là, il s'assit auprès du frère, et se mit à manger des raisins avec lui, pour que le frère ne fût pas humilié de les manger seul » (1).

(1) Cité par Joergensen, *Vie de saint François,* p. 153.

François voulait montrer par là à ses religieux que l'esprit de pauvreté et de mortification doit être avant tout un esprit de liberté, et que Dieu n'agrée que les sacrifices volontaires, car Il veut être servi « en esprit et en vérité ».

Il leur donnait de doux noms d'amitié. Frère Léon était « le petit agneau de Dieu » ; sainte Claire, la fondatrice du deuxième Ordre : « sa petite plante préférée » ; Jacqueline Settisoli, la grande dame romaine, son amie, était « le frère Jacqueline ».

Et tous le chérissaient, car il était bon avec tous, et cela, parce qu'il avait au cœur l'amour de Dieu, et que l'amour de Dieu fortifiait en lui l'amour d'autrui, imitant en cela Jésus-Christ « qui, disait-il, n'est pas demeuré dans le sein du Père, mais est venu se mettre aux côtés de l'homme pour le sauver ».

Le cœur de François, comme le cœur du Christ, était une fournaise d'amour ; il a tout aimé et tout compris de ce qui est humain.

Au-dessus de tout et de tous, François aime Dieu, ou plutôt il aime tout en Dieu et pour Dieu. Son amour de Dieu n'est pas un sentiment calme et pondéré, qui tient plus de la raison que de la passion. C'est une tendresse exquise et délicate, et en même temps un mouvement puissant et passionné, qui le soulève au-dessus de lui-même, le brise, le consume et ne lui laisse pas de repos. Il aime Dieu comme un chevalier aime sa dame, d'un amour élevé, noble et désintéressé, qui le convie à porter haut son étendard et à le défendre devant tous. Il n'a pas l'ombre de respect humain, et, dans un siècle de corruption, de méchanceté, de violence et d'abus de la force, il porte les livrées du Christ avec gloire. C'est le chevalier sans peur.

Il a aussi pour Dieu un amour très pur, un amour absolu. Il n'aime pas le Tout-Puissant pour les joies qu'il en attend, ou les récompenses de l'au-delà, où ses efforts et ses mérites seront comptés au centuple. Nul intérêt, nul retour sur soi : un détachement absolu, une donation complète et sans retour.

Et surtout, cet amour n'est ni sombre, ni triste, c'est l'amour joyeux, qui s'exhale dans un perpétuel chant d'allégresse, pour glorifier Dieu de ses bienfaits.

Oh ! quel grand poète que ce saint en perpétuelle communion avec Dieu et avec tous les êtres de la création ! Quelle haute poésie dans cette âme vibrante et délicate qui tressaille en présence de toute beauté ! Quelle puissance d'enthousiasme, quelle profondeur d'émotion dans ce grand cœur, qui renferme tous les amours, qui fait siennes toutes les douleurs, et qui se répand en joies et en miséricordes sur toutes les créatures de Dieu !

Quel grand poète lyrique que François d'Assise, qui, ne sachant point l'art des vers, impro-
visa les chants religieux les plus magnifiques,
inspira les plus sublimes poésies, et eut une
telle influence sur les arts, et en particulier
sur la littérature et sur la langue de son pays,
qu'on peut dire de lui qu'il fut le créateur d'une
des plus belles et des plus fécondes écoles
poétiques qui fût jamais.

CHAPITRE III

ŒUVRES LYRIQUES DE SAINT FRANÇOIS

Division de cette étude. — Le Cantique des Créatures, improprement appelé Cantique du Soleil. — Historique. — Commentaire.

Saint François a peu écrit. Il n'était ni un lettré, ni un savant ; il ne savait pas versifier, et la plupart des chants qu'il a composés ont été écrits par Frère Léon, ou corrigés par Frère Pacifique. Les œuvres lyriques du Poète d'Assise sont des hymnes, des prières, des cantiques, des laudes, des psaumes, d'une très haute et très religieuse inspiration. Elles ne nous sont pas toutes parvenues.

Nous en étudierons quelques-unes, que nous classerons sous trois dénominations :

1° Le Cantique du Soleil ou cantique des Créatures.

2° Les laudes.

3° Les poèmes.

Le Cantique des Créatures et celles des laudes que nous signalerons sont l'œuvre personnelle de saint François. Quant aux poèmes, il existe, ainsi que nous le verrons, des présomptions contre leur authenticité. Nous les donnons néanmoins parmi les œuvres du Séraphique Poète, car, s'ils ne sont pas de lui, ils ont été sûrement inspirés par les actes de sa vie.

CANTIQUE DES CRÉATURES

Ce cantique, improprement appelé Cantique du Soleil, est un chant de louange et de reconnaissance à Dieu, pour les bienfaits de la Création. Il convient donc de lui restituer le nom de Cantique des Créatures, sous lequel il fut primitivement connu et chanté.

Voici en quelles circonstances il fut composé.

Saint François était malade à Saint-Damien, dans l'été de 1225, quelques mois par conséquent après le grand miracle de l'Alverne. Epuisé par les austérités, miné par l'ardeur séraphique qui le brûlait, il souffrait cruellement en outre d'une maladie d'yeux qu'il avait contractée en Egypte, lors de la mission qu'il y fit, dans l'intention de convertir le soudan, maladie encore aggravée par les larmes incessantes qu'il versait devant le Crucifix, sur les fautes et les souffrances de l'humanité. Les médecins étaient impuissants à le guérir, et, pour calmer un peu ses douleurs cuisantes,

« sainte Claire lui fit disposer dans le jardin une pauvre cellule de roseaux, où il put se retirer et prendre quelque repos » (1).

Une nuit que ses tortures avaient été plus vives que de coutume, et qu'il était presque tout à fait aveugle, son âme, pressée, épurée par la douleur, et comme dégagée de la matière, s'éleva gémissante vers Dieu, et lui demanda la patience pour supporter sa maladie. Dieu lui répondit que par elle il gagnait le royaume des cieux. Alors, ravi en extase, et adorant la souveraineté de Dieu, il se soumit à ses rigueurs, et, comme il acceptait de ne plus contempler de ses yeux mortels la lumière du jour et les créatures qu'il avait tant admirées, François se mit à les chanter dans un élan de ferveur, d'adoration et de reconnaissance, faisant remonter jusqu'au Créateur la gloire et les bienfaits de la création.

Et voici les paroles qui s'exhalèrent de ses lèvres :

« Très haut, très puissant et bon Seigneur, à vous appartiennent les louanges, la gloire, l'honneur. A vous, toutes les bénédictions : à vous seul, elles sont dues. Et nul homme n'est digne de vous nommer.

(1) *Fioretti,* chap. XIX.

« Loué soit Dieu, mon Seigneur, avec toutes les créatures, singulièrement avec notre frère, Messire le Soleil qui nous donne le jour et la lumière. Il est beau, il rayonne de splendeur ; il est votre signe, ô Seigneur !

« Loué soit mon Seigneur pour notre sœur la Lune et pour les Etoiles. Vous les avez formées dans les cieux, claires et belles.

« Loué soit mon Seigneur pour notre frère le Vent, pour l'Air nuageux et serein ; pour tous les temps par lesquels il sustente les créatures.

« Loué soit mon Seigneur pour notre sœur l'Eau : elle est utile et humble, précieuse et chaste.

« Loué soit mon Seigneur pour notre frère le Feu. C'est par lui que vous illuminez les ténèbres. Il est beau, agréable, vigoureux, alerte.

« Loué soit mon Seigneur pour notre mère la Terre qui nous nourrit et nous supporte ; elle enfante et les fruits, et les herbes, et les fleurs colorées.

« Louez et bénissez mon Seigneur, rendez-lui grâce et servez-le avec grande humilité » (1).

(1) Traduction de LE MONNIER, t. II, p. 300.

Plus tard, saint François fit deux additions aux sept premières strophes du Cantique des Créatures, l'une vers, le mois d'août 1226, à Assise, lorsqu'il y revenait presque mourant après un séjour à Riéti, puis à Sienne, puis à Celle près de Cortone, où les divers traitements suivis, à la prière de ses frères, ne l'avaient pas guéri des infirmités sans nombre dont il souffrait.

Il désira revoir Assise avant de mourir. Ses frères, escortés de gens d'armes, le transportèrent chez l'évêque Guido, le même qui, dix-neuf ans auparavant, avait reçu son vœu de pauvreté parfaite, après que François eut, en sa présence, rendu à son père Bernardone les vêtements qu'il tenait de lui. Là, le saint apprit que le podestat de la ville et l'évêque étaient en querelle. L'évêque avait lancé l'interdit contre le magistrat, et celui-ci avait mis le prélat hors la loi.

Les habitants d'Assise prenaient fait et cause pour l'un ou pour l'autre, et la paix de la cité était troublée. Lorsque François sut cela, il ne fit pas de sermon, n'admonesta personne, mais il pria le podestat de venir sur la place de l'évêché avec ses partisans, et il demanda à l'évêque d'assister à la réunion. Rien n'empêche de croire que l'un et l'autre désiraient une réconciliation, et étaient heureux de se servir pour cela de l'intervention du saint que tout Assise révérait.

Lorsque tous les invités furent réunis, deux Frères Mineurs, que François avait stylés à l'avance, entonnèrent le Cantique des Créatures, pendant que les autres frères joignaient les mains et priaient. Ils chantèrent les sept strophes à deux chœurs alternés. Puis, après la septième strophe, ils en chantèrent une huitième, que François venait de composer pour la circonstance, et qui disait :

« Loué soit mon Seigneur pour ceux qui pardonnent au nom de son amour, et supportent avec patience les tribulations et les souffrances. Bienheureux ceux qui persévèrent dans la paix. Par vous, Dieu Très-Haut, ils seront couronnés ! »

Pendant ce temps, François priait Dieu de réconcilier les adversaires.

Et à peine la dernière parole fut elle chantée, que le podestat s'agenouillait aux pieds de l'évêque, lui demandait pardon, lui pardonnait lui-même, et protestait de son obéissance, par amour pour Notre-Seigneur, et son serviteur François. L'évêque releva le magistrat, l'embrassa, et lui demanda pardon à son tour. Une fois de plus, la douceur avait vaincu la colère, et François avait mis la paix parmi les hommes.

Le poète saint composa la neuvième et dernière strophe, la même année, quelque semaines avant sa mort, probablement au commencement de septembre 1226, à Foligno, où il avait été transporté pour voir son médecin. François lui demanda si sa mort était proche. Tout d'abord le médecin se récusa, mais François insistant, l'homme de l'art lui répondit qu'il vivrait probablement jusqu'à la fin de septembre, ou au commencement d'octobre. Après un moment de silence et de recueillement, François leva les mains au ciel et se mit à chanter doucement :

« Loué soit mon Seigneur pour notre sœur la Mort corporelle, à qui nul homme vivant ne peut échapper. Malheur à qui meurt en péché mortel. Heureux ceux qui seront trouvés dans vos très saintes volontés. La seconde mort ne pourra les atteindre ».

Telles sont les circonstances, dans lesquelles le Cantique des Créatures fut écrit ; et Ozanam dit que « cette façon de composer peu à peu, sous l'inspiration du cœur et le besoin du moment, rappelle tout à fait la manière des grands poètes comme Dante, comme Camoëns, portant dans leurs voyages et leurs exils l'œuvre qu'ils avaient conçue, et y ajoutant au jour le jour l'expression toute brûlante de leurs douleurs et de leurs espérances » (1).

(1) OZANAM, *Poètes franciscains*.

Cet hymne est tout entier et indubitablement de saint François, qui désira que les Frères l'apprissent pour le réciter chaque jour. Lui-même se le faisait chanter souvent par Frère Ange et par Frère Léon, arrangé sur un rythme plus classique, par le roi des vers, Frère Pacifique.

Le dernier jour qu'il vécut, les frères le lui chantèrent encore, et il répétait, mourant, les dernières paroles : « Béni sois-tu, mon Dieu, pour notre sœur la Mort ! »

Faisons, de cette première œuvre lyrique du Jongleur de Dieu, un rapide commentaire.

En improvisant ce beau chant, François n'a d'autre but que d'exprimer les sentiments dont son âme est pleine : adoration du Créateur, admiration pour ses œuvres, reconnaissance pour ses bienfaits.

En termes liturgiques, on appelle ce chant une « laude », c'est-à-dire une « louange ». En effet, chaque strophe commence par ces mots : « Loué soit Dieu, loué soit mon Seigneur ».

Il loue Dieu. Pourquoi ? Parce que ses œuvres sont belles et bonnes. Quelles œuvres ? Les plus éclatantes, car il ne pourrait entrer dans le détail de toutes les choses créées. Il nomme donc celles qui frappent ses sens : le soleil, la lune, les étoiles, le vent, l'air, l'eau, le feu, la terre, et il les évoque pour les agenouiller devant leur Créateur et leur Maître, et pour être leur porte-parole.

La première strophe est comme une entrée en matière ; elle énonce cette vérité générale : « Dieu seul est digne de louanges, à Lui revient tout honneur et toute gloire ! » Toute la suite du chant sera le développement de cette idée première, d'une portée si haute et si profonde.

Dieu doit être loué pour les bienfaits que les six strophes suivantes énumèrent :

1e *Pour le Soleil,* notre frère, qui est l'image de Dieu ; il est *bon,* car il nous donne le jour et la lumière ; et il est *beau,* car il rayonne et resplendit merveilleusement.

2e Pour nos sœurs la *Lune et les Etoiles,* qui sont *claires* et *belles.*

3e Pour le *Vent* et pour *l'Air,* qui nourrit toutes les créatures, et aussi pour *les Saisons.*

4e Pour notre sœur *l'Eau,* qui nous plaît par ses vertus, car elle est *humble* et *chaste,* et qui nous sert par ses qualités, car elle est utile et précieuse.

5e Pour notre frère *le Feu,* qui supplée le soleil, en illuminant les ténèbres, et dont les attributs sont *beauté, agrément, force et vivacité.*

6ᵉ Enfin pour la mère commune aux hommes, aux animaux et aux plantes, *la Terre,* chargée par Dieu de porter les créatures sur son sein puissant, d'enfanter à la vie les plantes, les fruits et les fleurs, et de nourrir tout ce qui vit.

Ainsi François d'Assise se fait, dans ces sept strophes, le poète de la création, qui chante, par lui, la gloire du Créateur.

La huitième strophe, celle qu'il composa pour réconcilier l'évêque d'Assise et le podestat, est bien encore une laude par la forme, et, encore qu'elle ne célèbre pas les œuvres extérieures de Dieu, elle n'en loue pas moins son action sur le monde, mais sur le monde spirituel, sur le monde des âmes :

« Loué soit Dieu pour la miséricorde, et pour ceux qui pardonnent, car Dieu les récompensera ».

A treize siècles de distance, c'est, redite par le second Christ, la parole évangélique du Maître, la troisième Béatitude : « Bienheureux les miséricordieux, car Dieu leur fera miséricorde ».

La neuvième strophe est la seule que saint François ait composée à son intention personnelle. Il y loue Dieu pour la mort qui va venir détruire son corps. C'est son chant du cygne, son adieu à la vie d'ici-bas. C'est en même temps son chant d'espérance, car « ceux qui seront trouvés en état de grâce et d'union à la volonté de Dieu, « la seconde mort », c'est-à-dire la mort éternelle ou l'enfer, « ne pourra les atteindre ».

Le Cantique des Créatures se termine par une brève conclusion, dans laquelle, s'adressant à ses frères et à tous les hommes, le Poète sacré les adjure de louer et de bénir Dieu, et de le servir humblement.

« Louez et bénissez mon Seigneur, rendez-lui grâce et servez-le avec une grande humilité ».

C'est la leçon pratique qui découle du Chant tout entier, et qui le ferme comme d'un sceau.

Dans une si haute inspiration, François d'Assise, le Jongleur de Dieu, se rencontre avec les prophètes juifs, notamment avec le roi David, qui, invitant les créatures à glorifier le Créateur, clame de sa grande voix :

Laudate eum sol et luna ; laudate eum omnes stellae et lumen.

Laudate eum, cœli cœlorum ; et aquae omnes quae super cœlos sunt, laudent nomen Domini.

Ignis, grando, nix, glacies, spiritus procellarum... Montes et omnes colles... bestiae... serpentes et volucres pennatae... laudent nomen Domini.

Hymnus omnibus sanctis ejus ; filiis Israël, populo appropinquanti sibi ».

« Soleil et Lune, louez le Seigneur ; étoiles de la nuit, lumière du jour, louez le Seigneur !

« Cieux des cieux, louez le Seigneur, et que les eaux qui sont au-dessus des airs louent le nom du Seigneur !

« Feu, grêle, neige, glaces, tourbillons et tempêtes... montagnes et collines... bêtes sauvages... serpents et oiseaux, louez le nom du Seigneur.

« Que l'hymne de la louange soit donc dans la bouche de tous ses saints, des enfants d'Israël, et du peuple qui approche de Lui » (1).

Ainsi le Roi-Prophète après avoir convié toute la création, invite le peuple choisi de Dieu, le peuple d'Israël, à chanter les louanges du Seigneur.

Le Poète chrétien, plus large, appelle tous les hommes de l'Eglise universelle à cette prière de louange, de reconnaissance et d'amour.

François d'Assise se rencontre aussi avec ces trois jeunes hébreux, Ananias, Misaël et Azarias, dont le prophète Daniel nous raconte la tragique

____

(1) DAVID, ps. 148.

histoire, et qui, jetés dans « la fournaise, chauf-
fée sept fois plus que de coutume » par Nabu-
chodonosor, parce qu'ils refusaient d'adorer sa
statue, y chantent les louanges du Dieu d'Israël,
se promenant au milieu des flammes, devenues
miraculeusement inoffensives.

Ils interpellent toutes les créatures, depuis
les esprits purs, les anges du ciel : *Benedicite
angeli Domini, Domino,* jusqu'aux êtres les
plus humbles, les animaux domestiques et sauvages, *omnes bestiae et pecora,* les baleines
et les poissons *cete et omnia quae moventur
in aquis,* et leur demandent de bénir le Seigneur,
de le louer et de l'exalter dans tous les siècles
des siècles.

Sans doute, François d'Assise n'a pas fait une
évocation aussi complète des créatures que celle
du Cantique des trois enfants, mais l'inspiration
est absolument la même, une inspiration religieuse et poétique du plus haut style. De plus,
le Poète Séraphique ne se contente pas de nommer les êtres qu'il appelle à l'adoration de Dieu,
il proclame encore l'utilité de chacun d'eux, et
les vertus qui le recommandent à notre atten-
tion ; et à l'inspiration antique et biblique, un
peu sèche et dure, le Jongleur de Dieu ajoute une note évangélique aimable et tendre, en un
mot un caractère chrétien, puisqu'il appelle courtoisement le soleil « Messire », et lui donne,
ainsi qu'à l'Air et au Vent, le nom de « frère »,

et la lune, aux étoiles, à l'eau et à la terre
le nom de « sœurs ».

Rien de semblable dans l'antiquité païenne.
Virgile, seul, parmi les poètes païens, s'est
élevé, dans ses Géorgiques, à la contemplation
des beautés de la nature, et en a fait remonter
la gloire jusqu'à la divinité, non pas au Dieu
unique, mais aux dieux de l'Olympe, à Bacchus,
dieu des pressoirs, à Cérès, déesse des moissons, aux Faunes, dieux tutélaires des campagnes, aux nymphes des bois, aux sylvains, à
Pan, gardien des brebis, à la sage Minerve, en
un mot, aux dieux et aux déesses qui veillent
sur les champs. Les Géorgiques ne sont donc
pas à proprement parler des laudes, puisque
Virgile y dépeint le labourage, les semailles,
la taille des arbres, les soins à donner aux animaux domestiques, aux abeilles, et y donne des
instructions sur les labeurs champêtres. C'est
plutôt un poème didactique, une description,
une œuvre d'une portée toute positive, pratique
et utilitaire.

Dans le livre II seulement, le Cygne de Man-
toue s'essaie à louer la divinité : « Maintenant,
c'est toi, Bacchus, que je vais chanter. Viens,
dieu des pressoirs, ici tout est plein de tes bienfaits. Pour toi, l'automne couronné de pampres
étale sur nos coteaux sa riche parure ; pour
toi, la vendange écumante bouillonne dans nos

celliers ! » Et il ajoute : « Mets bas tes brode-quins, Bacchus, dieu des pressoirs, et rougis avec moi tes jambes nues dans le jus des raisins nouveaux ! » (1)

Cette citation suffit amplement à faire toucher du doigt le pur matérialisme de ce sentiment religieux, où il n'y a de poétique que l'image et l'expression.

Pourquoi cette différence ? C'est qu'à l'admiration, François unit l'amour. Il voit non seulement la nature, mais l'Auteur de la nature ; il l'aime de toute son âme, et cette spiritualité coule dans son œuvre et la déborde. Son profond et tendre amour a une telle plénitude qu'il comprend toute l'échelle des êtres sortis de la main de Dieu, pour lesquels, dans sa sainte humilité, il se sent des entrailles fraternelles, parce que Dieu est le Père commun.

Chavin de Malan, un de ses modernes historiens, explique ainsi la genèse du Cantique du Soleil : « Lorsque l'amour débordait du cœur de François, il parcourait la campagne, il appelait les moissons, les vignes, les arbres, les fleurs des champs, les étoiles du ciel, tous ses frères et sœurs de la nature à se joindre à lui pour bénir le Créateur, et sa tendresse radieuse et naïve s'élevant de degré en degré jusqu'au soleil, l'hymne suivant s'élançait de son âme :

(1) Virgile, *Géorgiques*, liv. II.

TRADUCTION COMPLÈTE DU CANTIQUE DES CRÉATURES
EN PROSE RYTHMÉE

Très haut, très puissant et bon Seigneur,
A vous appartiennent les louanges, la gloire, l'honneur,
A vous seul sont dues toutes les bénédictions,
Et nul homme n'est digne de vous nommer.

Loué soit Dieu mon Seigneur pour toutes les créatures,
Surtout pour notre frère Messire le Soleil,
Qui nous donne le jour et la lumière !
Il est beau, il rayonne de splendeur, il est votre
[image, ô Très-Haut !

Loué soit mon Seigneur pour notre frère le Vent,
Pour l'air, pour les nuages, pour la sérénité,
Pour toutes les saisons,
Au moyen desquelles il sustente les créatures.

Loué soit mon Seigneur pour notre sœur l'Eau,
Qui est bien utile, et précieuse, et humble, et chaste.
Loué soit mon Seigneur pour notre frère le Feu,
Dont Il se sert pour illuminer les ténèbres,
Et qui est beau, et agréable, et puissant, et alerte.

Loué soit mon Seigneur pour notre mère la Terre,
Qui nous nourrit et nous soutient,
Qui enfante les arbres et les fruits,
Et les fleurs aux couleurs variées.

Loué soit mon Seigneur pour ceux qui pardonnent,
Et qui supportent pour Lui les tribulations et les
[souffrances !
Bienheureux ceux qui souffrent dans la paix,
Parce qu'ils seront couronnés par vous, ô Très-Haut !

Loué soit mon Seigneur pour notre sœur la Mort
A qui nul homme vivant ne peut échapper, [corporelle,

Malheur à qui meurt en péché mortel !
Mais bienheureux ceux qui seront trouvés en conformité
[avec vos très saintes volontés,
Car la seconde mort ne pourra les atteindre !

Louez et bénissez mon Seigneur ; rendez-lui grâce
et servez-Le avec une grande humilité !

Saint François composa le Cantique des Créatures dans la langue vulgaire de l'Italie du treizième siècle. Il le divisa en couplets monorimes, d'un rythme inégal et d'une facture très simple. Plus tard, il chargea Frère Pacifique, le roi des vers, de donner aux paroles un rythme plus classique, afin que les frères pussent le réciter et le chanter.

De nos jours, le Cantique des Créatures a été mis en musique, d'après une mélodie du mode grégorien, par l'abbé R. Thinot, maître de chapelle de la cathédrale de Reims. L'artiste nous dit qu'il a préféré une mélodie du cinquième mode classique, présenté par les anciens comme « joyeux et doux » entre tous, « parce qu'il reflète d'une façon particulièrement heureuse le sentiment lumineux et chaud du texte franciscain ».

Ainsi harmonisé, le Cantique du Soleil est chanté dans les réunions de fraternités franciscaines du vingtième siècle, comme il l'était parmi les frères du treizième.

CHAPITRE IV

SUITE DES ŒUVRES LYRIQUES
DE SAINT FRANÇOIS

LES LAUDES

La laude, chant de louanges. — Les laudes authentiques de saint François : Laudes Dei. — Laudes Domini. — Laudes de Virtutibus. — Laude Timete et Honorate. — Laudes Domina Sancta. — Laudes Omnipotens.

Saint François, avons-nous dit, aimait à chanter, et, sur les grandes routes blanches de l'Ombrie, cheminant avec Frère Léon « le petit agneau de Dieu », l'âme esjouïe de la sérénité du jour et de la beauté des choses, de sa voix douce et sonore, il chantait. Il chantait comme l'oiseau chante, comme le soleil émane sa chaleur et la fleur son parfum. Une joie divine inondait son âme, la gloire et la bonté du Créateur l'enivraient, et la laude, cette forme de poésie toute naturelle, montait sans effort de son cœur à ses lèvres, parce que la reconnaissance et l'amour l'emplissaient tout entier.

Nous possédons un certain nombre de ces laudes : toutes sont des chants religieux. Beaucoup d'autres sont perdues, et, parmi celles que nous avons, et qui sont dites de saint François, il en est quelques-unes qui n'ont sans doute pas été composées par lui.

Du recueil de laudes reconnues authentiques et qui nous ont été conservées dans les archives franciscaines ou les bibliothèques municipales de l'Ombrie, et qui ont été composées en langue latine, nous allons détacher les suivantes pour les étudier :

1º La laude composée après le miracle de l'Alverne, ou *Laudes Dei*.

2º La laude de l'office canonique, ou *Laudes Domini*.

3º La laude des vertus, ou *Laudes de virtutibus*.

4º La laude *Timete et Honorate*, suivie de l'exhortation que tous les frères peuvent faire.

5º La salutation à la Vierge Marie, ou *Laudes Domina Sancta*.

6º La laude d'actions de grâces et exhortation aux frères, ou *Laudes Omnipotens, Sanctissime Altissime*.

LAUDES DEI

Après le miracle de l'Alverne, qui arriva en septembre 1224, vers la fête de l'Exaltation de la Sainte Croix, saint François, disent ses chroniqueurs, s'enfonça dans une solitude plus profonde, repassant dans son cœur et dans sa mémoire l'apparition ineffable du Divin Crucifié, et, sentant croître en lui les flammes d'amour qui le consumaient, il éprouva le besoin d'exhaler en paroles les sentiments ardents de son âme. Et voici qu'un jour, il dit à Frère Léon : « Apporte-moi du papier et de l'encre, car je veux mettre par écrit les paroles de Dieu et ses louanges, telles que je les ai conçues dans mon cœur ». Aussitôt que Frère Léon lui eut apporté la feuille de parchemin demandée, François y écrivit la laude qu'il avait composée, et, par derrière, une bénédiction spéciale pour le Frère Léon, son compagnon et son ami, en lui recommandant de la garder sur lui jusqu'à sa mort.

Voici cette laude traduite en français :

« Vous êtes saint, Seigneur Dieu, vous êtes le Dieu des dieux, qui seul opérez des merveilles. Vous êtes fort, vous êtes grand, vous êtes très haut, vous êtes tout-puissant. Père saint, vous êtes le Roi du ciel et de la terre. Vous êtes trois et vous êtes un, Seigneur, Dieu des dieux. Vous êtes le bien, tout bien, le bien souverain, Seigneur Dieu, vivant et vrai. Vous êtes amour, vous êtes sagesse, vous êtes humilité, vous êtes patience, vous êtes beauté, vous êtes sécurité, vous êtes quiétude, vous êtes joie, vous êtes notre espérance, vous êtes justice... et tempérance... vous êtes toute notre richesse, une richesse qui nous suffit... vous êtes mansuétude, vous êtes un protecteur, un gardien et un défenseur... vous êtes notre refuge et notre force, vous êtes notre suprême douceur, vous êtes bonté infinie, grand et admirable Seigneur, Dieu tout-puissant, doux. miséricordieux et sauveur » (1).

On voit ce qu'est la laude pour ce cœur transporté d'amour et de reconnaissance, un long cri de louanges et d'actions de grâces. Aussi, aucune composition littéraire, mais comme un jaillissement, une clameur éperdue qui ne peut se contenir, et qui s'exhale dans un chant de sublime adoration. François n'a plus comme dans son Cantique du Soleil, la création devant les yeux, il n'a plus que Dieu seul, et il proclame toutes les perfections et les attributs de Dieu, d'abord en Lui-même : la sainteté, l'unité d'essence dans la trinité des personnes, la toute-

(1) Traduction prise dans LE MONNIER, t. II, p. 146.

puissance, la beauté, la vie ; puis les perfections de Dieu par rapport à nous : la vérité, la joie, l'espérance, le souverain bien, l'amour, là richesse, la force, la bonté. En un mot, Dieu est l'être unique et ineffable qui comble nos désirs, et nous donne tout bonheur et toute joie.

La laude de l'Alverne se termine par l'Oraison suivante :

ORAISON

« O Dieu tout-puissant, éternel, juste et miséricordieux, à cause de vous-même, accordez-nous, à nous, infortunés, de faire ce que nous savons être conforme à vos désirs, et de vouloir toujours ce qui vous plaît, afin que, purifiés, illuminés et embrasés intérieurement du feu du Saint-Esprit, nous puissions marcher sur les traces de votre très aimé Fils, Jésus-Christ, Notre-Seigneur, et parvenir par votre seule grâce jusqu'à vous, le Très-Haut, qui, dans une trinité parfaite et une unité simple, vivez et régnez, et êtes glorifié, Dieu tout-puissant, dans tous les siècles des siècles. Ainsi soit-il ».

L'Oraison est une prière, ou plutôt une demande, car, après avoir loué Dieu, nous ne savons que lui tendre les mains pour recevoir. François lui demande donc tout ce dont notre âme a besoin : 1° de *savoir* ce que Dieu veut, par la lumière intérieure du Saint-Esprit ; 2º de *vouloir* ce qui Lui plaît, et 3º *de faire* ce qui est conforme à ses désirs. La pureté d'intention, la lumière de l'intelligence, la force de la volonté, l'amour enfin, n'est-ce pas là tout l'essentiel de la vie morale et de la vie religieuse ?

Et en faveur de qui, Dieu peut-il accorder ces grâces très grandes ? A cause de Lui-même, puisque nous n'avons aucun mérite à faire valoir. Et pour quelle fin ? Pour que nous imitions Jésus-Christ sur la terre, et que, par lui, nous parvenions jusqu'au ciel, pour y demeurer avec le Très-Haut, pendant tous les siècles. *Amen.*

C'est la prière parfaite.

Le manuscrit de cette laude nous a été conservé, et se trouve au Sagro-Convento d'Assise. Elle a été écrite à l'encre noire par François lui-même, sur la même feuille de parchemin que la « Bénédiction pour le frère Léon », écrite également en gros caractères de la main même de François. Le frère Léon l'a gardé plié sur lui jusqu'à sa mort, c'est ce qui explique les raies et les salissures dont il est revêtu. Frère Léon a écrit de sa main à l'encre rouge plusieurs annotations, pour expliquer dans quelles circonstances la laude et la bénédiction ont été composées. Ce précieux autographe, nous l'avons vu de nos yeux, dans son reliquaire d'argent, à la sacristie du couvent franciscain d'Assise, au milieu des grandes reliques de saint François.

LAUDES DOMINI

ou Laude de l'Office canonique

Cette « Laude au Seigneur » a été composée par le Poète Séraphique pour être récitée par les Frères avant l'office canonique. C'est un chant d'ensemble, alterné, qui commence par la salutation des chœurs angéliques autour du trône de l'Agneau, telle que l'entendit le Voyant de Pathmos : *Sanctus, Sanctus, Sanctus, Dominus Deus noster omnipotens ;* et qui se continue par des passages inspirés du *Te Deum* de saint Augustin et de saint Ambroise.

Voici cette laude traduite en français :

« Saint, Saint, Saint est le Seigneur, le Dieu Tout-Puissant, qui est, qui était, et qui doit venir.

« Louons-Le et exaltons-Le de toutes nos forces dans toute la suite des siècles.

« Vous êtes digne, ô Seigneur notre Dieu, de recevoir la louange, la gloire, l'honneur et la bénédiction.

« Louons-Le et exaltons-Le de toutes nos forces, dans toute la suite des siècles.

(1) Saint Jean, *Apocal.,* liv. IV, v. 8

« Il est digne, l'Agneau qui a été mis à mort, de recevoir la puissance, la divinité, la sagesse, la force, l'honneur, la gloire et la bénédiction.

« Louons-Le et exaltons-Le de toutes nos forces, dans toute la suite des siècles.

« Bénissons le Père, le Fils et le Saint-Esprit.

« Louons-Le et exaltons-Le de toutes nos forces, dans toute la suite des siècles.

« Chantez les louanges de Dieu, ô vous qui êtes ses serviteurs, vous qui craignez Dieu, petits et grands.

« Louez-Le et exaltez-Le de toutes vos forces, dans toute la suite des siècles.

« Que les Cieux et la terre le louent, ce Dieu glorieux.

« Qu'ils l'exaltent sur toute chose et le louent dans toute la suite des siècles.

« Que toute créature au ciel, sur la terre et sous la terre ; que la terre, la mer et tout ce qu'elles renferment le louent.

« Qu'elles le louent et l'exaltent sur toute chose, dans toute la suite des siècles.

« Gloire au Père, au Fils et au Saint-Esprit.

« Louons-Le et exaltons-Le sur toute chose, dans toute la suite des siècles.

« Maintenant et toujours, comme dès le commencement, et dans tous les siècles des siècles.

« Louons-Le et exaltons-Le sur toute chose, dans toute la suite des siècles ».

ORAISON

« O Dieu Tout-Puissant, très saint et très-haut, bien universel, bien suprême, bien sans mélange, qui seul êtes bon, accordez-nous de vous rendre toute louange, toute action de grâces, toute gloire, tout honneur, toute bénédiction, et de vous rapporter en tout temps tout ce qu'il y a de bien en nous.

Ainsi soit-il » (1).

Ce beau chant à deux voix se divise en deux parties : la première qui s'adresse aux trois personnes divines, et la seconde qui s'adresse aux créatures. Chacune des strophes est une louange chantée par le chef de chœur, puis, après elle, comme un écho du ciel, vient une sorte de refrain analogue au *Benedicamus Domino* du cantique des trois enfants, et qui répond : « Louons-Le et exaltons-Le dans tous les siècles des siècles. »

(1) Traduction de l'abbé Berthaumier.

François, après avoir lancé par trois fois le Sanctus des légions angéliques, tel le coryphée antique, interpelle Dieu le Père, « digne de recevoir nos louanges et nos bénédictions ». Et tout le chœur reprend : « Louons-Le et exaltons-Le dans tous les siècles des siècles ».

Le coryphée s'adresse ensuite au Fils, à « l'Agneau qui a été mis à mort », digne de recevoir la puissance, la sagesse, la divinité, l'honneur, la gloire et la bénédiction. Et tout le chœur : « Louons-Le et exaltons-Le, etc... »

Cette première partie qui se termine par une louange à la Sainte-Trinité, Père, Fils et Saint-Esprit, et par le refrain habituel : « Louons-Le et exaltons-Le, dans tous les siècles des siècles ».

La seconde partie comprend trois strophes, trois appels successifs aux créatures, pour les inviter à chanter la gloire de Dieu :

1º Appel aux hommes, serviteurs de Dieu,

2º Appel aux cieux et à la terre,

3º Appel à toutes les créatures de l'univers ; chacune des trois strophes étant alternée avec le refrain : « Louons-Le et exaltons-Le dans tous les siècles des siècles, » qui se répète trois fois à la fin de la laude.

L'oraison qui clôt le chœur est sublime de simplicité et d'humilité. Elle demande au Dieu Tout-Puissant et Très-Saint, au Bien suprême, de nous accorder de L'aimer et de Le servir, et de Lui rapporter tout le bien qui est en nous.

Cette « Laude au Seigneur » est pleine de grandeur et d'harmonie, et d'une beauté simple, comme tout ce qui nous vient de saint François d'Assise. Aussi claire que les Psaumes de David, elle est digne d'être chantée par les grandes maîtrises de nos cathédrales, et mérite la première place dans les psalmodies des couvents franciscains.

C'était bien la volonté de François qu'elle fût chantée, puisque lorsqu'un frère avait désobéi à la règle, le saint fondateur avait déterminé que le coupable serait tenu de réciter le *Pater* qu'il avait paraphrasé, et l'hymne *Laudes Domini.*

LAUDES DE VIRTUTIBUS
ou Laude des Vertus

Cette laude des Vertus est un modèle de composition simple et logique, où les idées et les sentiments sortent rigoureusement les uns des autres, comme elle est aussi un modèle de naïveté, de clarté et de mouvement.

En voici la traduction :

« O Sagesse, notre Reine, que Dieu vous sauve, avec votre sainte sœur, la pure Simplicité. O sainte Dame la Pauvreté, que Dieu vous sauve avec votre sœur la sainte Humilité ! O sainte Dame la Charité, que Dieu vous sauve avec votre sœur la sainte Obéissance ! O vous toutes, très saintes vertus, qu'il vous sauve le Seigneur, de qui vous venez, de qui vous procédez !

« Nul homme au monde ne peut posséder une seule d'entre vous, s'il ne commence d'abord par mourir. Mais celui qui en possède une seule et ne fait rien contre les autres, celui-là vous possède toutes. Celui-là, au contraire, qui blesse une seule d'entre vous, n'en possède aucune et vous blesse toutes ; car chacune des vertus couvre de confusion les vices et les péchés.

« La sainte Sagesse confond Satan et toutes ses malices. La pure Simplicité confond toute la sagesse de ce monde, et toute la sagesse du corps. La sainte Pauvreté confond la cupidité, l'avarice et la sollicitude du siècle. La sainte Humilité confond l'orgueil, tous les hommes qui sont dans le monde, en même temps que toutes les choses du monde. La sainte Charité confond toutes les tentations du diable et de la chair, et toutes les craintes charnelles. La sainte Obéissance confond toutes les volontés du corps et de la chair ; elle tient le corps assujetti à l'obéissance de l'esprit, à l'obéissance des supérieurs ; elle le soumet à tous les hommes qui sont en ce monde, elle l'incline devant eux ; elle le soumet

non seulement aux hommes, mais encore aux
animaux et aux bêtes sauvages, afin qu'ils puis-
sent faire de lui ce qu'ils voudront, selon qu'il
leur aura été donné d'en haut par le Seigneur.
Grâces soient rendues à Dieu. *Amen* » (1).

Saint François, le Jongleur de Dieu, veut ici
exalter la gloire et le mérite des saintes vertus
chrétiennes. Il s'adresse à elles, comme à des
personnes, à des dames très hautes et très
nobles, et commence par saluer chacune d'elles
courtoisement, ainsi qu'un chevalier salue sa
dame. Il semble qu'on le voie, gentil féal, faire
un grand geste de respect en ôtant sa toque
à plumes, devant ces dames de la cour céleste.

Sans nul doute, il les voit passant deux à
deux, dans la grâce de leur chaste maintien,
avec la pose hiératique des saintes de nos vitraux
gothiques, tenant une palme à la main droite,
telle la théorie des canéphores portant des fleurs
dans les Panathénées antiques.

La Sagesse vient la première avec la Simplicité, sa sœur ; puis la Pauvreté avec l'Humilité ;
puis la Charité avec l'Obéissance, formant ainsi
la plus suave et la plus gracieuse des proces-
sions chrétiennes.

Et François, poète et chorège tout à la fois,
salue chaque couple par ces paroles d'une politesse parfaite, qui forment le vrai salut chrétien :

(1) Traduction de l'abbé Berthaumier.

« Que Dieu vous sauve, ô sainte Dame ! » Le noble chevalier s'incline d'abord devant la Reine, la Sagesse, qui a pour sœur la sainte Simplicité, puis devant chacun des trois groupes qui passe, et à chacun il répète son salut et ses vœux :

« O sainte Dame la Pauvreté, que Dieu vous sauve avec votre sœur, la sainte Humilité ! — O sainte Dame la Charité, que Dieu vous sauve avec votre sœur la sainte Obéissance ! »

Après quoi, il adresse un salut général à toutes les Vertus, comme le gentilhomme qui salue de son épée, ou comme le thuriféraire qui balance l'encensoir devant l'autel après l'avoir élevé devant chaque groupe d'assistants.

Il semble ensuite que la théorie des Vertus s'arrête et se range devant François, qui leur adresse alors son discours de louanges. Il fait l'éloge et proclame les mérites de chacune :

« Il faut que l'homme meure à lui-même pour posséder une seule d'entre vous, leur dit-il, et celui qui en possède une seule, et ne fait rien contre les autres, vous possède toutes ; et celui-là, au contraire, qui blesse une seule d'entre vous, vous blesse toutes », car toutes les vertus sont solidaires et unies pour « confondre les vices et les péchés ».

Quelle profonde psychologie, et comme François d'Assise connaissait bien l'âme humaine !

Se détournant des Vertus, maintenant le saint s'adresse au peuple, pour lui expliquer comment les Vertus « couvrent de confusion les vices ».

A chacune des saintes Vertus, en lui conservant son rang, il oppose le vice qu'elle confond : la Sagesse chrétienne confond Satan, qui personnifie tous les vices, et cela nous paraît tout naturel, puisqu'elle est la Reine des vertus ; la Simplicité confond la fausse sagesse du monde ; la Pauvreté confond la cupidité et l'avarice ; l'Humilité confond l'orgueil ; la Charité confond les tentations et les craintes de la chair. Et la palme appartient à la sainte Obéissance, qui met l'homme dans la parfaite dépendance de Dieu, en courbant son corps devant son esprit, son esprit devant les supérieurs, l'incline devant tous les hommes, et le soumet même aux animaux et aux bêtes sauvages, « pour qu'ils fassent de lui tout ce qu'ils voudront, selon la volonté de Dieu ».

Cela nous paraît un peu exagéré, mais saint François le trouvait tout naturel, lui qui appelait les loups « ses frères » et les alouettes « ses sœurs ».

Ce suave et chaste poème en action, qui témoigne d'une si profonde étude morale, si plein de vie, de naturel et de simplicité, d'une naïveté si charmante et bien dans la manière de François, nous rappelle d'une jolie façon les moralités de notre théâtre du moyen âge, qui prétendaient enseigner au peuple la vertu.

Il se termine par un bref salut à Dieu, comme une fanfare de clairon, un roulement de tambour, ou un dernier coup d'encensoir : « Grâces soient rendues à Dieu. *Amen* ».

Le Poète d'Assise écrivit la Laude des Vertus en latin, et la destina à être lue et méditée, plutôt qu'à être psalmodiée et chantée. L'authenticité n'en est pas douteuse, et Celano, dans la *Secunda Vita,* en cite un passage, et l'appelle « la laude que François a composée sur les vertus ». Et comme le poème tout entier porte au plus haut degré la marque du génie pur, clair et naïf du Poète séraphique, nous en concluons que la laude des Vertus est son œuvre incontestable.

Saint François a encore salué les Vertus dans une laude à la Vierge Marie, pour réunir dans une même louange la Mère de Dieu très sainte, et les vertus dont son âme fut ornée.

LAUDE TIMETE ET HONORATE

et Exhortation que les Frères peuvent faire.

Au chapitre vingt et un de la *Prima regula* se trouve une laude qui commence par ces mots : *Timete et Honorate,* et que saint

François ordonne aux Frères Mineurs de chanter dans toutes les villes où ils prêchent et dans toutes celles qu'ils traversent, car « que sont les serviteurs de Dieu, dit-il, sinon des espèces de jongleurs, ayant pour tâche de relever le cœur des hommes, et de les pousser à la joie spirituelle ? »

Un jour, saint François et Frère Massée arrivent sur la place publique d'Alviano ; ils entonnent la laude *Timete et Honorate*. Le peuple accourt, écoute le beau chant avec admiration, et regarde avec sympathie les deux moines aux pieds nus. Sitôt après, voyant la foule assemblée, François commence son exhortation pieuse. Mais voici que les hirondelles se mettent de la partie, et jasent si bien, qu'elles couvrent la voix du prédicateur. François attend un peu, puis se tournant vers elles : « Mes sœurs les hirondelles, dit-il, il me semble que c'est à mon tour de parler. Quant à vous, vous avez suffisamment causé et chanté, écoutez la parole de Dieu, et tenez-vous tranquilles pendant que je vais prêcher ». Et les gentils oiseaux écoutent sagement le sermon jusqu'à la fin, après quoi François les bénit.

La laude *Timete et Honorate* était donc spécialement destinée à être chantée par les frères qui allaient en mission, et à appeler le peuple autour des missionnaires. N'est-ce pas ainsi que procédaient les jongleurs, et saint

François n'avait-il pas raison d'appeler les Mineurs : les jongleurs de Dieu ?

La laude se compose de deux parties :

1o Le chant ou laude proprement dite, et
2o l'exhortation qui la suit.

Voici la première partie de sa traduction :

Timete et honorate,
Laudate et benedicite !
Gratias agite et adorate Dominum Deum omnipo-
tentem.
In Trinitate et Unitate, Patrem et Filium et Spiritum
Sanctum, Creatorem omnium.

Craignez et honorez Dieu,
Louez-Le et bénissez-Le !
Rendez grâces et adorez le Seigneur Dieu Tout-
Puissant.
Dans la Trinité et l'Unité, Père, Fils et Saint-Esprit,
Créateur de toutes choses (1).

A la suite de cette première partie, qui est
la laude et doit être chantée, vient une exhortation qui compose la seconde partie, et « que, dit
saint François, tous les frères peuvent faire
en prédication, car ils devront toujours, partout
où ils iront, répéter les mêmes préceptes et les
mêmes vérités » (2).

Cette exhortation est comme un résumé de

(1) Traduction du R. P. RAYMOND, de Millau.
(2) R. P. JEAN DE LA HAYE, *Opera omnia Sancti*
Francisci.

doctrine, un raccourci de commandements et de conseils, au service du peuple accouru autour des chaires franciscaines.

La voici, traduite en français par le R. P. Raymond, de Millau :

« Faites pénitence. Faites de dignes fruits de pénitence, car, sachez-le, bientôt vous mourrez. Donnez et il vous sera donné. Pardonnez et il vous sera pardonné. Et si vous ne pardonnez pas, le Seigneur ne vous pardonnera pas vos péchés. Bienheureux ceux qui meurent dans la pénitence, parce qu'ils auront le royaume des cieux. Malheur à ceux qui ne mourront pas dans la pénitence, parce qu'ils seront les fils du démon, dont ils font les œuvres. Et ils iront au feu éternel.

« Prenez garde, et abstenez-vous de tout mal, et persévérez jusqu'à la fin dans le bien.

Ainsi soit-il ».

Quel sermon plus simple et plus substantiel ? Il contient la moëlle de toute la doctrine catholique, et, sans phrases, sans figures de rhétorique, sans emphase, ni symbolisme, il est l'expression la plus simple de la pensée la plus claire et la plus précise qui soit au monde !

Et comme François d'Assise connaissait bien le peuple, lui qui, venant comme Jésus pour les petits, voulait que ses frères fussent, eux aussi, des petits, des « mineurs », pour mieux être à la portée du peuple. Il comprenait que le peuple n'a ni le loisir, ni l'ouverture d'esprit nécessaires pour écouter de beaux et longs discours, et il ne voulait lui donner, comme à un enfant ignorant, à une époque où le catéchisme n'était pas encore en usage, et où le peuple n'avait d'autre enseignement que celui de la chaire chrétienne, il ne voulait lui donner, dis-je, que des leçons de catéchisme.

Etudions le morceau tout entier.

Dans son ensemble, il comprend :

1o Les devoirs envers Dieu ;
2o Les devoirs envers nous-mêmes et envers le prochain ;
3o La conclusion.

DEVOIRS ENVERS DIEU

Il faut : 1o le craindre, 2o l'honorer, 3o lui rendre grâces.

Ces devoirs, on le voit, se limitent à la crainte, à l'adoration et à la reconnaissance. Ce sont donc les devoirs stricts, et nous pourrions y ajouter l'amour, si nous ne savions que l'amour est une grâce.

Il faut accomplir ces devoirs, dit saint François, pour deux raisons : 1o parce que Dieu est le Seigneur Tout-Puissant, Trois et Un ; 2o parce qu'il nous a comblés de ses bienfaits, étant le Créateur de toutes choses.

DEVOIRS ENVERS NOUS-MÊMES ET ENVERS AUTRUI

Il y en a trois principaux : 1º envers nous-mêmes, la Pénitence, 2º envers autrui, l'Aumône et la Miséricorde. Saint François nous donne les raisons de ces devoirs. Pourquoi la Pénitence ? Parce que bientôt nous mourrons. Pourquoi l'Aumône ? Pour qu'il nous soit donné dans nos besoins. Pourquoi la Miséricorde ? Pour qu'on nous pardonne à nous-mêmes, et pour que le Seigneur nous remette nos péchés.

Ici, saint François nous rappelle la doctrine enseignée par le Christ dans le Pater : *Et dimitte nobis debita nostra, sicut et nos dimittimus debitoribus nostris !*

Cette morale de la religion franciscaine nous semblera peut-être un peu trop utilitaire et étroite, car enfin, en nous conviant à louer Dieu et à faire le bien, elle ne fait appel qu'à notre intérêt personnel, et pas du tout à l'amour, en vertu duquel nous pourrions accomplir nos obligations. Mais nous devons nous souvenir, si cette critique nous vient en l'esprit, que François d'Assise parlait à des simples et pour des simples, et qu'il était simple lui-même. « Et c'est à ceux-là, nous dit l'Evangile, qu'est promis le royaume des cieux ».

LA CONCLUSION

La conclusion est un simple résumé de la thèse sur la pénitence. Elle est tirée de saint Luc : « Bienheureux ceux qui meurent dans la pénitence, parce qu'ils auront le royaume des cieux » (1).

Puis vient l'affirmation contraire, pour bien planter l'idée dans les esprits, et pour la faire comprendre : « Malheur à ceux qui meurent sans avoir fait pénitence, car ils iront au feu éternel ». Et enfin, pour résumer la conclusion, la phrase finale, qu'il faut retenir et emporter dans sa tête et dans son cœur, qu'il faut méditer et répéter le matin et avant toutes ses actions, la phrase lapidaire, qui est comme l'axiome, et qui va servir de maxime de conduite pour toute la vie : « Prenez garde, abstenez-vous de tout mal, et persévérez jusqu'à la fin dans le bien ».

Qu'a-t-on besoin d'en savoir plus pour aller au ciel ?

On le voit, la laude *Timete et Honorate* n'est un chant de louange que dans sa première partie. Il peut donc sembler étrange que nous la placions parmi les œuvres lyriques de saint François, mais nous avons voulu donner tout le morceau, pour fournir un exemple de plus des

(1) Saint Luc, chap. IX, v. 37 et 38.

qualités d'esprit du Poète d'Assise, la simplicité, la clarté, la précision, qui forment les traits les plus saillants de son génie.

LAUDES DOMINA SANCTA
ou Salutation à la Vierge Marie

Saint François composa plusieurs laudes en l'honneur de la Sainte Vierge.

L'édition du R. P. Jean de la Haye, de 1653, que nous avons entre les mains, nous en donne trois.

Etudions la première qui est la plus complète, les autres n'étant à proprement parler que des prières.

Voici cette laude, traduite par l'abbé Berthaumier.

« Salut, ô sainte Dame, Reine très sainte, Marie, Mère de Dieu, vous, la Vierge perpétuelle, choisie du haut du ciel par le Père très-saint et bien-aimé, et par le Saint-Esprit consolateur ; vous en qui est et fut la plénitude de toute grâce et de tout bien. Salut, ô palais de Dieu ! Salut, tabernacle de Dieu ! Mère de Dieu, salut !

« Et vous aussi, saintes Vertus, qui, par la grâce et l'illumination du Saint-Esprit, vous répandez en nos cœurs, pour, d'infidèles, les rendre fidèles, salut !

« Mère très sainte de Jésus-Christ, Épouse du Saint-Esprit, priez pour nous avec saint Michel Archange, toutes les Vertus des cieux et tous les saints, votre Fils bien-aimé, Notre Seigneur et notre Maître.   Ainsi soit-il ».

La laude *Domina Sancta* se compose de deux parties : 1º la salutation, 2º la prière. *La Salutation* est à la fois un acte de respect et un hymne de louanges, car elle salue la Vierge Marie, en lui rappelant toutes les prérogatives et les faveurs dont elle fut l'objet de la part de Dieu : sa virginité perpétuelle, que la maternité divine laissa intacte, puisque Jésus « a été conçu du Saint-Esprit » ; son union intime avec chacune des trois personnes de la Sainte Trinité, car elle a été « choisie » et « consacrée » par le Père, pour être l'Epouse du Saint-Esprit et la Mère du Fils ; l'ambassade qu'elle reçut du Dieu Très-Haut, dans la personne de l'Ange, le jour de l'Annonciation. *Gratia plena*, avait dit Gabriel à Marie. Et François répète après l'envoyé céleste : « Vous en qui est et fut la plénitude de toute grâce et de tout bien ».

Cette première partie de la laude se complète par une sorte de litanie, où le Poète donne à la Sainte Vierge des titres laudatifs, destinés à lui rappeler sa maternité divine : il la nomme le « Palais », le « Tabernacle », c'est-à-dire en définitive la maison, le sein, la « Mère de Dieu ».

La Prière qui suit, et forme la seconde partie du morceau, est très simple. Le Poète Séraphique demande à la Mère et à l'Epouse de Dieu de s'unir à saint Michel et à tous les saints et saintes des cieux, afin d'intercéder pour nous.

Entre la laude et la prière, François a intercalé un bref salut aux saintes Vertus, rappel naïf de l'hymne qu'il avait composée en leur honneur, et pour marquer que, dans son esprit, il ne séparait pas les vertus, de celle qui les incarne toutes, la Vierge Marie, Reine du Ciel et de la terre.

LAUDES OMNIPOTENS, SANCTISSIME, ALTISSIME

ou Laude d'actions de grâces à Dieu, et exhortation aux frères.

Le chapitre vingt-trois, le dernier de la *Prima Regula,* contient une très belle laude, à laquelle est ajoutée une exhortation aux frères. Ecrite en latin, comme la plupart des œuvres de saint François, nous la désignons par les mots qui la commencent : *Omnipotens, Sanctissime, Altissime.*

Cette laude est un chant de louanges et d'actions de grâces, spécialement destiné à remercier Dieu de ses bienfaits. Le morceau entier est très long, néanmoins nous en donnons la traduction intégrale, car il est très beau.

« Dieu tout-puissant, suprême, très saint et sublime, Père saint et juste, Seigneur et Roi du ciel et de la terre, nous vous remercions d'abord de ce que par votre sainte volonté, et par l'entremise de votre Fils, incarné dans la chair avec l'aide du Saint-Esprit, vous avez créé toutes les choses, spirituelles et corporelles, et nous avez créés à votre image et suivant votre ressemblance, et nous avez placés dans le Paradis Terrestre d'où nous avons été chassés par notre propre faute.

« Et nous vous remercions de ce que, après nous avoir créés par l'entremise de votre Fils, vous avez daigné, avec le véritable et saint amour que vous avez pour nous, laissé naître ce Fils, à la fois véritable Dieu et homme véritable, de la Vierge Marie, éternellement virginale et bienheureuse, et de ce que, par sa grâce, son sang et sa mort, vous avez voulu délivrer les pauvres prisonniers que nous étions devenus.

« Et nous vous remercions de ce que ce même Fils, dans la splendeur de sa majesté, doit venir de nouveau au jour du jugement, pour envoyer au feu éternel ceux qui n'auront point voulu se convertir et vous connaître, et dire à tous ceux qui vous auront connu, adoré et servi dans la pénitence : « Venez, les bénis de mon Père, recevez le royaume qui vous a été préparé dès le commencement du monde ».

« Et comme nous tous, pauvres pécheurs, nous

ne sommes point dignes de vous nommer ; nous vous supplions et conjurons de faire en sorte que Notre Seigneur Jésus-Christ, votre Fils bien-aimé, en qui vous avez mis vos complaisances, se charge, avec l'aide du Saint-Esprit consolateur, de vous remercier comme vous le désirez, de tous vos bienfaits. Ce Jésus-Christ qui seul a répondu toujours d'une manière parfaite à toutes vos volontés, et par qui vous nous avez accordé de si grandes faveurs. *Alleluia* ».

« Nous conjurons aussi humblement, pour votre amour, la glorieuse Mère de votre Fils, la bienheureuse Marie toujours vierge, les bienheureux Michel, Gabriel, Raphaël, et tous les chœurs des esprits bienheureux, les chœurs des Séraphins, des Chérubins, des Trônes, des Dominations, des Principautés, des Puissances, des Vertus, des Anges et des Archanges, les bienheureux Jean-Baptiste, Jean l'Evangéliste, Pierre et Paul, les bienheureux Patriarches, Prophètes, Innocents, Apôtres, Evangélistes, Disciples, Martyrs, Confesseurs et Vierges, les bienheureux Elie et Enoch, et tous les saints qui ont été, sont et seront, de vous rendre grâces de tous ces bienfaits, à vous, Dieu suprême, vrai, éternel et vivant, ainsi qu'à votre Fils, notre très cher Seigneur Jésus-Christ, et le Saint-Esprit Consolateur, dans tous les siècles des siècles. *Alleluia* ».

Cet ample et magnifique hymne de louanges et de reconnaissance est une des plus belles poésies religieuses qui existent. Nourri de la Sainte Ecriture, il s'inspire largement de l'ancien et du nouveau Testament. Nous y voyons des réminiscences de la Genèse, dans l'évocation de la création de l'homme : « Vous nous avez faits à votre image et à votre ressemblance » ; un rappel de l'Evangile de saint Matthieu, dans la sentence que prononcera Jésus-Christ au jugement dernier : « Venez, les bénis de mon Père... » (1) et dans les paroles du Père éternel, au baptême de Notre-Seigneur : « Celui-ci est mon fils bien-aimé..... » (2).

Nous y trouvons encore certaines parties du *Confiteor* et de la *Préface,* dans l'énumération de tous les chœurs des Anges et de tous les Saints qui sont autour du trône de l'Agneau.

Le thème général est celui-ci : « O Dieu, nous vous remercions pour tous les biens que vous nous avez donnés et pour tous ceux que vous nous avez promis. Et nous conjurons tous les saints de nous aider à vous rendre grâces. »

Sur ce thème simple, clair et précis, le Jongleur de Dieu compose un admirable poème de gratitude, amplifié, embelli, brodé de variantes comme des fioritures dans un chant,

(1) Saint MATHIEU, chap. XXV et chap. III, v. 17.
(2) IDEM, *ibidem.*

une prière qui contient tout ce qu'une prière humaine peut contenir, puisque le *Pater* est d'origine divine.

Etudions rapidement le développement de ce thème. François débute par une interpellation, une adresse à la Divinité, qu'il salue comme Dieu, comme Père et comme Roi. Puis il commence son action de grâces : « Nous vous rendons grâces » pour toutes les œuvres que Dieu a faites, les visibles, les « corporelles », et les invisibles, les « spirituelles », et pour notre propre création « à son image » dans le Paradis terrestre, c'est-à-dire pour la création de la beauté et du bonheur des choses et des êtres, tels qu'ils étaient avant le péché originel.

Après la chute, Dieu n'abandonna pas sa créature, et François continue son acte de reconnaissance, en remerciant le Seigneur des grâces de l'Incarnation et de la Rédemption.

Après avoir remercié pour ce qui a été fait, François remercie pour ce qui a été promis, la venue de Jésus-Christ à la fin du monde, le Jugement dernier, et le Paradis éternel pour les justes.

Tout y est, le passé, le présent et l'avenir.

Mais il convient de conclure, et François, dans sa sainte humilité, sentant notre misère et notre impuissance, et que « nous ne sommes pas dignes » de prononcer le nom de Dieu, demande, pour rendre grâces, l'aide de ceux qui sont dignes. Et nous voici amenés à remercier le Tout-Puissant de la loi merveilleuse dont il nous fait bénéficier, la loi de réversibilité des mérites, qui fait le fond et la grandeur du dogme admirable et si consolant de la Communion des Saints.

François demande donc l'aide de Notre-Seigneur Jésus-Christ, du Saint-Esprit, qui, seuls, savent comment il convient de louer et de prier Dieu ; de la Sainte Vierge Marie, des Archanges, des Chérubins et des Séraphins, qui l'adorent et le chantent sans cesse dans les chœurs célestes, puis des Saints, en commençant par le plus grand de tous, le Précurseur Jean-Baptiste ; des Saints de l'ancienne loi, Patriarches et Prophètes, entr'autres Elie et Enoch, qui furent exemptés de la loi de la mort, nous dit la Bible ; des Saints innombrables du nouveau Testament, Apôtres envoyés pour annoncer la Bonne Nouvelle de l'Evangile, Evangélistes chargés de l'écrire, Martyrs suppliciés pour Jésus, Confesseurs ayant témoigné publiquement et héroïquement leur foi, et les chastes théories des Vierges, épouses de Jésus, en un mot, tous les saints parvenus au terme du voyage.

Et non seulement le saint poète convie tous les arrivés, mais encore ceux qui cheminent péniblement par les routes de la terre, et aussi ceux qui viendront, et que déjà Dieu connaît, puisque tout est présent à ses yeux.

Et ainsi saint François évoque dans une apothéose splendide l'universalité, non des « appelés », mais des « élus », pour qu'ils viennent avec lui adorer Dieu, et le chanter dans tous les siècles des siècles.

La laude se termine par l'Hallel des Hébreux, devenu notre chant d'allégresse de Pâques : *Alleluia.*

La laude *Omnipotens,* si on la compare aux précédentes, est plus complète et plus large, car elle publie avec plus d'ampleur tous les sentiments de reconnaissance du cœur de saint François envers Dieu, et elle invite d'une façon plus précise et plus générale toutes les créatures prédestinées à se joindre à lui pour célébrer les bienfaits du Créateur. Aussi belle, sinon plus, que beaucoup de parties de la liturgie romaine, elle serait digne, à notre avis, d'être chantée même au saint sacrifice de la Messe.

Voici maintenant la seconde partie, l'exhortation aux frères, traduite par Berthaumier :

« Ensuite, nous autres, Frères Mineurs, qui sommes tous des serviteurs inutiles, nous conjurons humblement et nous supplions tous ceux qui veulent servir Dieu Notre-Seigneur dans le sein de l'Eglise catholique et apostolique, et tous les ordres suivants : les prêtres, les diacres, les sous-diacres, les acolytes, les exorcistes, les lecteurs, les portiers, tous les clercs, tous les religieux et les religieuses, tous les enfants et les petits enfants, les pauvres et les indigents, les rois et les princes, les ouvriers et les laboureurs, les serviteurs et les maîtres, toutes les vierges, les personnes qui gardent la continence et les personnes mariées, les laïques hommes et femmes, tous les enfants, les adolescents, les jeunes et les vieux, les hommes en bonne santé et les infirmes, les petits et les grands, tous les peuples, les tribus, les langues, les nations, tous les hommes de toutes les contrées du monde, présents et à venir, de tous persévérer dans la vraie foi et la pénitence, parce que nul ne peut être sauvé autrement Aimons tous de tout notre cœur, de toute notre âme, de tout notre esprit et de tout notre pouvoir, de toute notre intelligence, de toutes nos forces, de tous nos efforts, de toute notre affection, de toutes nos entrailles, de tous nos désirs, de toutes nos volontés, le Seigneur notre Dieu, qui nous a donné et nous donne à tous tout notre corps, toute notre âme, toute notre vie, qui nous a créés, rachetés et sauvés, qui nous a fait et nous fait toutes sortes de biens, à nous misérables et malheureux, impurs et immondes, ingrats, ignorants et pervers. Ne désirons donc rien, ne veuillons rien, que rien ne nous plaise et ne nous réjouisse, si ce n'est notre Créateur,

'Rédempteur et Sauveur, le seul Dieu véritable, qui est le bien complet, le bien parfait, le bien total, le bien vrai et suprême, lui qui seul est bon, miséricordieux, tendre, plein de douceur et de suavité, seul saint, juste, vrai et droit, seul bienveillant, pur et sans tache, de qui, par qui et en qui sont tout le pardon, toute la grâce et toute la gloire de tous les pénitents, de tous les justes et de tous les bienheureux admis à la félicité du ciel.

« Que rien ne nous arrête, ne nous sépare, ne nous détourne. Tous, en tout lieu, à toute heure, en tout temps, tous les jours et sans interruption, croyons en toute vérité et humilité, tenons en notre cœur, aimons, honorons, adorons, servons, louons et bénissons, glorifions et exaltons, célébrons et remercions le Dieu très-haut, suprême, éternel, Trinité et Unité, le Père, le Fils et le Saint-Esprit, créateur de tous ceux qui croient en lui, espèrent en lui et l'aiment, le Dieu sans commencement, sans fin, immuable, invisible, inénarrable, ineffable, incompréhensible, insaisissable, béni, digne de louanges, glorieux, surexalté, sublime, élevé, suave, aimable, délectable, tout entier et toujours désirable sur toutes choses, dans tous les siècles des siècles. »

Cette exhortation, on le voit, est plutôt un modèle de sermon à l'usage des Frères, ou un thème pour servir à ceux qui parleront au peuple du haut de la chaire. Saint François y adjure les prédicateurs de convier les fidèles à aimer Dieu parfaitement, à cause de ses bienfaits, à Le préférer à tout, car Il est le bien complet, à Le servir sans défaillance, à L'adorer, à Le glorifier dans son essence et dans tous ses attributs divins, Lui qui est toujours désirable sur toutes choses, dans tous les siècles des siècles.

Elle ne ressemble à aucune autre exhortation du saint. Elle a comme originalité propre d'entrer dans le détail de toutes les catégories de chrétiens, laïques, religieux et prêtres de tous ordres, présents et à venir, de tous les pays du monde ; l'ardeur exaltée et surhumaine avec laquelle le Séraphin d'Assise les invite à aimer et à glorifier Dieu, et aussi la surabondance des termes laudatifs qu'il emploie pour louer chacun des attributs de la Divinité. On saisit avec force ici combien le cœur du Poète est pressé, comme celui de saint Paul, par la Charité du Christ. Jamais dans aucune de ses laudes, François d'Assise n'a déployé une piété plus brûlante pour le service de son bien-aimé Créateur et Sauveur. Jamais dans aucune, on n'y sent une telle plénitude d'amour.

A part les six laudes que nous venons d'étudier, nous citerons encore, parmi les œuvres

lyriques du Poète d'Assise une très belle paraphrase du *Notre Père,* une prière pour obtenir
la pauvreté, un office de la Passion du Seigneur
« qui est un assemblage de versets bibliques, et
dont l'authenticité nous est garantie par Thomas
Celano dans la vie de sainte Claire » (1),
et certains cantiques que saint François composa
en langue italienne « pour la consolation et
l'édification des Pauvres-Dames », c'est-à-dire
pour sainte Claire et ses sœurs, ainsi que le
relate le chroniqueur florentin Mariano, mort
en 1527, et ainsi que le dit sainte Claire elle-
même dans son testament. Mais ces cantiques
ne nous sont pas parvenus.

L'édition de Jean de la Haye nous donne
encore, avec les laudes et les œuvres lyriques
précitées, des prières, des cantiques, des pro-
phéties, et des écrits en prose : lettres, admo-
nitions, règles, discours et autres opuscules,
mais un certain nombre de morceaux de poésie
religieux ne nous ont été conservés que par
la tradition, et l'authenticité n'en est pas garantie, comme l'est celle des Laudes et du Cantique
des Créatures que nous avons étudiés, et qui
sont l'œuvre personnelle du Jongleur de Dieu,
François d'Assise.

---

(1) Joergensen, Introduction de *La Vie de saint François.*

CHAPITRE V

SUITE DES ŒUVRES LYRIQUES
DE SAINT FRANÇOIS

LES POÈMES

Cantique des Stigmates : *In foco amor mi mise.* — Cantique de l'Amour du Christ : *Amor di Caritate.* — Question de leur authenticité.

Nous possédons deux poèmes lyriques attribués à saint François : le Cantique des Stigmates, *In foco amor mi mise* « Dans le feu, l'amour m'a mis, » et *Amor di Caritate* « Amour de Charité ».

Nous allons les étudier comme si le poète d'Assise en était l'auteur, puisque nous y retrouvons tous les sentiments de son cœur.

CANTIQUE DES STIGMATES
In foco amor mi mise

Voici dans quelles circonstances saint François fut censé composer ce morceau. C'était quelque temps après son retour de l'Alverne à la Por-

tioncule. Le grand miracle dont il avait été favorisé occupait uniquement sa pensée ; le séraphin
aux six ailes, en même temps qu'il avait imprimé
les stigmates de la Passion dans la chair de
François, avait allumé en son cœur un amour si
brûlant, qu'il ardait sous sa puissance et ne se
possédait plus. Littéralement, et comme le feu
consume le bois, la passion d'amour divin con-
sumait son cœur et son corps.

Dans ces conjonctures, le poète, dans un chant
qui a l'allure épique, veut décrire la scène de
l'Alverne, la scène ineffable où Jésus crucifié
apparut à François, et marqua son corps de ses
plaies sacrées, en lui disant : « Pour que tu sois
mon gonfalonier, je te donne les stigmates
qui sont les marques de ma Passion » (1), en
même temps qu'il exauçait le désir d'amour de
toute sa vie, ce désir que François exprimait
tous les jours dans cette ardente et humble
prière : « Mon Dieu et mon Tout, qui êtes-vous,
Seigneur mon Dieu, et qui suis-je, moi, humble
vermisseau votre serviteur. Seigneur Très Saint,
je voudrais vous aimer ! Je vous ai donné mon
cœur et mon corps, et je voudrais pouvoir, si
je connaissais autre chose, faire davantage
encore pour votre amour ! »

A ce moment donc, Dieu exauça la longue

____

(1) Abbé RICHE : Troisième considération sur les
sacrés et saints stigmates de saint François, p. 211.

prière de son serviteur, en lui donnant un cœur de séraphin dans un corps de crucifié.

Et c'est pour décrire le drame où il fut transfiguré dans le Christ, et pour exprimer les transports de cet amour séraphique, que fut composé ce poème appelé le Cantique des Stigmates, dont voici la traduction française (1) :

« Dans le feu, l'amour m'a mis ; dans le feu l'amour m'a mis, dans un feu d'amour.

« C'était le jour où mon nouvel époux, l'amoureux Agneau, m'a remis l'anneau nuptial : il m'a jeté dans une prison, et, là, il m'a frappé de son couteau. Tout mon cœur en a été fendu.

« Dans le feu, l'amour m'a mis.....

« Mon cœur a été fendu et mon corps est tombé à terre. Ah ! de ce carquois de l'amour, il décoche des flèches qui frappent et qui embrasent. De la paix, il fait la guerre. Je me meurs de délices.

« Je me meurs de délices ! n'en soyez pas étonnés. Il m'a donné un si grand coup de sa lance amoureuse. Le fer en était large ; elle était longue de cent brasses : je vous dis que j'ai été percé de part en part.

(1) Le Monnier. Tome II, p. 159.

« Dans le feu, l'amour m'a mis.....

« Puis les traits pleuvaient si épais, que j'en étais agonisant. Alors je pris un bouclier, mais les coups se pressèrent si bien, qu'il ne me protégea plus. Ils m'ont brisé tout le corps, si fort était le bras qui les dardait.

« Dans le feu, l'amour m'a mis.....

« Il les dardait si violemment, que je désespérai de les parer ; et pour échapper à la mort, je criai de toute ma force : « Tu forfais aux lois du champ clos ». Mais lui dressa une machine qui m'accabla de nouveaux coups.

« Dans le feu, l'amour m'a mis.....

« Les traits qu'il lançait étaient des pierres garnies de plomb : chacune était de mille livres pesant. Il les lançait en grêle si épaisse, que je ne les aurais jamais comptées. Aucune d'elles ne me manquait.

« Dans le feu, l'amour m'a mis.....

« Jamais il ne m'eût manqué, tant il tirait juste. J'étais couché à terre, incapable d'un mouvement. J'avais le corps rompu, sans plus de sentiment qu'un homme trépassé.

« Dans le feu, l'amour m'a mis.....

« Trépassé, non par mort véritable, mais par excès de joie. Je me suis relevé si fort, si affermi au dedans de mon cœur, que j'ai pu suivre mes guides qui me conduisaient à la cour du ciel.

« Dans le feu, l'amour m'a mis.....

« Revenu à moi, j'ai fait la guerre au Christ. Je fus bientôt armé, et je chevauchai sur ses terres. L'ayant rencontré, je mêlai le fer avec lui ; je voulais me venger.

« Dans le feu, l'amour m'a mis.....

« Une fois vengé, je fis avec lui un pacte, parce qu'il m'avait vraiment aimé. Maintenant je suis capable de recevoir ses tendresses. Je l'ai toujours porté dans mon cœur.

« Dans le feu l'amour m'a mis, dans le feu l'amour m'a mis, dans un feu d'amour ».

Le poème des Stigmates fut composé en italien ; il comprend dix strophes de sept vers chacune terminés par des rimes correctes, chaque vers ayant un nombre régulier de syllabes.

Il débute par une sorte de refrain, qui reviendra après chaque strophe, et sera comme le thème sur lequel le sujet se développe : « Dans le feu l'amour m'a mis, dans une fournaise d'amour ! »

Vient ensuite la description de la tragédie qui se déroula au sommet du mont Alverne, de la scène d'amour qui est présentée comme un assaut d'armes, comme une joute entre François et Jésus.

Le Christ, « l'amoureux Agneau », ayant choisi François pour époux, lui a passé au doigt l'anneau nuptial, et pour lui prouver sa dilection, il le met « dans une prison », son cœur, où il lui donne de telles marques de tendresse, que François défaille, abîmé dans un océan de délices : « Les traits pleuvaient si épais que j'en était agonisant... » — « De ce carquois de l'amour, il décoche des flèches qui frappent et qui embrasent... » François en est « couché à terre, incapable d'un mouvement, trépassé, non par mort véritable, mais par excès de joie... »

Cependant, les traits de l'amour du Christ ressentis si vivement le fortifient, l'affermissent au dedans de son cœur ; il se relève, et, « bientôt armé », il chevauche sur les terres de son adversaire divin, pour lui faire la guerre : « Je mêlai le fer avec lui, je voulais me venger »..

Sa vengeance, on le comprend, est celle de l'épouse du Cantique des Cantiques, qui, ayant reçu le premier baiser d'amour, le premier baiser qui enivre son cœur et enfièvre sa chair, crie à celui qu'elle aime : « Ton baiser, je le sens qui brûle ma lèvre, et je veux te le rendre, ô mon bien-aimé, afin que nos deux êtres se confondent dans une harmonie parfaite ».

Telle est la vengeance de François, après laquelle, dit-il, « Je fis avec lui un pacte, parce qu'il m'avait vraiment aimé ».

Les deux lignes qui servent de conclusion à la scène sont peut-être les plus belles, tant le sentiment en est naïf et sincère : « Maintenant je suis capable de recevoir ses tendresses, je l'ai toujours porté dans mon cœur ».

Et le refrain du début clôt le poème : « Dans le feu l'amour m'a mis, dans un feu d'amour ».

Ce beau cantique est, ainsi qu'on le voit, une sorte de dithyrambe, un chant nuptial, une scène de passion amoureuse, où les deux êtres épris l'un de l'autre essaient de se pénétrer et de se meurtrir, pour se mieux marquer leur tendresse.

Etudions maintenant la question de son authenticité.

Saint Bernardin de Sienne l'attribue tout entier à saint François.

Ozanam, dans ses Poètes franciscains, dit « que l'inspiration en est certainement de lui, mais que par l'art de la composition et de la versification, il accuse une main étrangère à celle du doux séraphin, une main plus experte en l'art des vers ».

D'autres auteurs pensent que Jacopone de Todi, poète italien de la fin du treizième siècle, et qui était devenu franciscain, l'ayant trouvé écrit par saint François, le retoucha, et lui donna, en vieil italien, la forme définitive que nous lui connaissons.

Quoi qu'il en soit, et tout en respectant ces opinions, qu'il nous soit permis de donner la nôtre en toute simplicité.

Nous l'avouons humblement, nous ne croyons pas que le Cantique des Stigmates soit de saint François, et cela pour deux raisons.

La première repose sur le contraste frappant qui existe entre le caractère et les sentiments du Saint et ceux que décèle le poème. Le génie de François d'Assise a pour caractères essentiels la simplicité, la naïveté, le naturel. Simples et naïfs, ses sentiments, même et surtout lorsqu'ils s'élèvent jusqu'aux ravissements de l'amour divin, même lorsqu'ils descendent de ces hauteurs et se posent sur les plus humbles créatures. Simples et naïfs, son langage et sa manière d'être. En tout, il est vérité, candeur, spontanéité, naturel. Reportons-nous au Cantique des Créatures : « Loué soit Dieu, mon Seigneur, pour toutes ses créatures, pour notre frère Messire le Soleil..... pour notre sœur la Lune et pour les Etoiles..... » et à la Laude *Laudes Dei* qu'il composa sur le mont Alverne avant de le quitter : « Vous êtes saint, Seigneur Dieu, vous êtes le Dieu des dieux, qui seul opérez des merveilles..... » Relisons aussi la bénédiction du Frère Léon, si sincère et si spontanée : « Que le Seigneur te bénisse et te garde..... », et nous serons frappés de ce double caractère d'inspiration simple et naïve, et d'expression également naïve et simple. On dirait des œuvres françaises, tant on y retrouve les qualités essentielles du génie propre à notre race : la clarté, la sobriété, la précision, le naturel. Et nous aimons à nous souvenir que saint François, par sa mère, était de race française, qu'il aimait à chanter des vers français, parce que le français lui semblait « le parler le plus délectable », et qu'avec ses frères, dans ses moments de délassement, il le parlait volontiers, encore qu'il le parlât assez mal.

Or, dans le poème épique qu'est le Cantique des Stigmates, nous trouvons une scène de passion mystique et furieuse, incompatible avec le tempérament de François ; nous y trouvons les éclats d'un amour violent et tourmenté, peu en harmonie avec le cœur si doux, si candide du séraphin d'Assise, qui s'intitulait lui-même *simplex et idiota* et qui contraste également avec le cœur plus doux encore du Divin Pèlerin de Galilée.

Ce mysticisme outré contient en réalité plus de matérialisme que de spiritualité, plus de charnel amour que d'idéale tendresse, car la tendresse vraie reste d'autant mieux dans les limites du juste qu'elle est plus ardente et plus profonde.

En outre, la manière, la mise en scène chargée de détails : cette prison, ce couteau, ce fer long de cent brasses, cette machine dressée, ces pierres garnies de plomb pesant mille livres, tout ce langage symbolique et coloré, encore que trahissant les richesses d'imagination et les goûts chevaleresques du Jongleur de Dieu, nous paraissent d'un genre trop apprêté, trop maniéré, trop affecté, pour être l'œuvre du saint poète d'Assise, qui avait au plus haut point le goût français, si plein de pudeur et de mesure, dont le jugement était si sûr et si pondéré, et qui apportait en toutes choses une si merveilleuse sobriété d'esprit.

Il nous semble que le poème tout entier porte la marque d'un autre génie, d'un génie dont la caractéristique serait l'amplification, l'exagération dans les sentiments et dans le langage, et, pour tout dire, du génie italien..

La seconde raison pour laquelle nous croyons que saint François n'est pas l'auteur du cantique des Stigmates, repose sur des faits. De son vivant, saint François n'a jamais voulu montrer ses plaies glorieuses, par humilité, et aussi par pudeur de ce véritable amour qui ne se prévaut pas des prérogatives reçues de l'être cher, mais qui, au contraire, aime à les envelopper de mystère. Telle la Vierge Marie, qui, témoin et objet des grâces et des caresses de l'Enfant Jésus, « les gardait et les repassait en son cœur » (1), dit l'Evangile.

(1) Saint Luc, 2, 40-52.

Aussi, saint François, après le miracle qui s'accomplit sur l'Alverne, bien loin de trahir les transports belliqueux et enivrés qu'annonce le cantique, est entré dans une humilité ravie, mais plus profonde et quelque peu épouvantée de la grande faveur reçue, et dans une crainte extrême de n'en être jamais assez digne.

Comment donc eût-il consenti à décrire et à laisser chanter publiquement, même parmi ses frères, la scène de sa stigmatisation, dont il voulait tenir les marques si jalousement secrètes, et dont il n'aimait même pas à parler. Cela ne nous semble pas possible.

Que saint François ait raconté et écrit à ses frères préférés, en termes généraux et vagues, quelque chose de cette ressemblance qu'il avait avec Jésus crucifié, au point d'être sa vivante image, cela est certain, puisque nous savons qu'il se laissait panser par Frère Léon, lorsque ses plaies saignaient, et nous pouvons croire en toute vraisemblance que « l'auteur de ce cantique, quel qu'il soit, a parlé au nom du saint, comme s'il était son interprète » (1).

Tout incite à penser que cet auteur est Jacopone de Todi. Vivant à la fin du treizième siècle, Jacopone n'a jamais connu saint François, mais sûrement il a entendu les frères en parler avec enthousiasme, et décrire « le mystère des clous

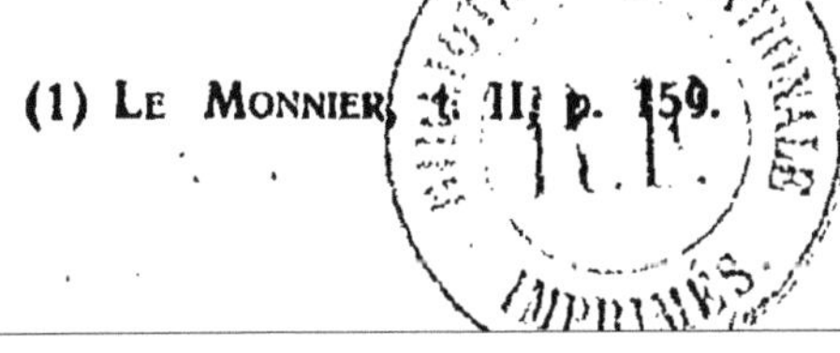

(1) Le Monnier, t. II, p. 159.

et de la lance », que « plus de cinquante frères
et une quantité d'autres personnes furent admis
à contempler » (1), à la mort du saint.

Et pour la glorification du grand fondateur
de son Ordre, il voulut sans doute évoquer la
scène de l'Alverne et la chanter comme il l'ima-
ginait, en prenant pour cadre le genre de poésie
le plus en honneur à cette époque, l'épopée. Du
reste, l'exaltation et l'ardeur impétueuse et sans
frein que nous y avons constatées, nous paraît
s'accorder parfaitement avec le génie et la mentalité de Jacopone, et c'est une raison de plus
de croire que le poème, en somme très beau
en son genre, est son œuvre personnelle.

Seules les deux dernières phrases de l'ode,
celles qui en semblent la conclusion, nous
paraissent tout à fait dans le goût et dans la
manière de saint François, tant le langage
en est simple, tant le sentiment en est suave,
profond et vrai : « Maintenant, je suis capable
de recevoir ses tendresses. Je l'ai toujours porté
dans mon cœur ».

Serait-ce cette phrase, trouvée dans quelque
lettre ou dans quelque écrit du saint, au fond
d'un couvent d'Italie, qui aurait servi de donnée
au poète franciscain Jacopone de Todi, pour
composer son beau cantique des Stigmates ?

____

(1) Le Monnier, t. I, p. 154.

CANTIQUE DE L'AMOUR DU CHRIST
Amor di Caritate

Le poème lyrique *Amor di Caritate*, « Amour de Charité », est destiné à peindre les sentiments les plus ardents et les plus tendres de l'amour partagé : l'amour de François pour le Christ, et l'amour du Christ pour François. « Amour de charité » signifie « Amour du Christ », parce que le Christ est présenté ici comme l'Amour même, comme la Charité incarnée.

Il pourrait être l'illustration poétique du tableau si touchant de Murillo, ce tendre enlacement de Jésus crucifié et de François d'Assise, François d'Assise tendant les bras vers Jésus, Jésus détachant son bras droit de la croix pour attirer François sur son cœur. Le dialogue qui paraît s'échanger entre eux doit ressembler à celui du poème *Amor di Caritate*.

Il nous semble encore une paraphrase et un développement de ces paroles du Cantique des Cantiques : « L'amour est fort comme la mort, il brûle comme le feu, il dévore comme la flamme » (1).

Nous trouvons dans Chavin de Malan et dans Le Monnier des traductions très belles, très

______

(1) *Cantique des Cantiques*, ch. VIII, v. 6.

poétiques, mais incomplètes, de ce poème. Nous donnons donc ici la traduction entière, mais plus prosaïque, qu'en a faite l'abbé Berthaumier, du Tiers-Ordre de saint François.

CANTIQUE DE L'AMOUR DU CHRIST

I

Amour de Charité, pourquoi m'as-tu frappé ainsi ? Mon cœur tout entier s'est fendu, il est consumé par l'amour, il brûle, il est en feu, il ne saurait trouver une place pour se reposer ; il ne peut fuir, il est enchaîné ; il se fond comme la cire en présence du feu ; vivant, il meurt, il languit, épuisé ; il voudrait pouvoir fuir un instant, et il se trouve placé au sein d'une fournaise. Hélas ! où suis-je entraîné ? Ah ! languir de la sorte, vivre ainsi, c'est mourir, tant s'accroît l'ardeur dont je suis dévoré.

II

Avant d'en avoir fait l'épreuve, au Christ, je demandais l'amour, pensant n'y goûter que délices. Je croyais habiter loin de toute peine dans une paix abondante en douceur et puis m'asseoir dans les hauteurs célestes. Mais j'éprouve un tourment que je n'avais point imaginé, mon cœur se fend d'amour ; non, je ne puis retracer l'image de ce que j'endure, je me meurs dans un abîme de douceur, mon cœur ne réside plus en moi.

III

Le cœur, l'intelligence, la volonté, le goût, le sens, j'ai tout perdu ; toute beauté n'est à mes yeux qu'une fange immonde ; délices et richesses, tout n'est pour moi que perte. Un arbre d'amour, chargé de fruits ravissants, est planté dans mon cœur, lui seul me nourrit ; c'est lui qui en moi opéra un tel changement en jetant sans retard à la porte ma volonté, mon sens et ma force.

IV

Pour acquérir l'amour, j'ai tout donné ; j'ai livré sans réserve et le monde et moi-même. Si tout ce qui a été créé eût été en ma puissance, je l'eusse sacrifié pour l'amour, sans condition aucune, et me voilà trompé par l'amour. J'ai tout donné, et je ne sais où je suis entraîné ; l'amour m'a défiguré, j'ai été accusé de folie. Mais pourquoi me suis-je vendu ? Je n'ai plus sur moi-même aucun droit.

V

La foule pensait me rappeler, ceux qui furent mes amis pensaient me retirer de tels sentiers, mais l'homme une fois livré ne saurait se livrer encore ; il ne saurait se rendre esclave, celui qui n'a plus en son pouvoir sa propre personne. La pierre pourra s'amollir avant que l'amour qui me tient en sa puissance puisse m'être ravi ; toute ma volonté s'est enflammée d'amour, elle s'est unie à l'amour, elle s'est transformée en l'amour.

VI

Ni le feu, ni le fer ne pourront nous séparer : chose si bien unie ne se divise point. Ni les tourments, ni la mort n'atteindront jamais à la hauteur où mon âme est ravie ; au-dessous d'elle, elle voit toutes choses passer, elle se tient plus élevée, dominant tout de sa hauteur. O mon âme, comment es-tu arrivée à posséder un tel bien ? Au Christ tu en es redevable ; embrasse-le donc dans un transport d'amour.

VII

Non, je ne saurais désormais contempler aucune créature ; mon âme n'a plus de cris que pour son créateur ; le ciel et la terre sont pour moi sans douceur ; en présence du Christ, mon amour, tout n'est pour moi qu'une fange impure ; la splendeur du soleil me paraît elle-même obscure quand je vois cette face resplendissante. Le chérubin ne semble plus lumineux à l'esprit qui voit son Seigneur ; pour lui, le séraphin n'est plus un objet d'amour.

VIII

Que nul donc ne me reprenne, si l'amour me fait errer çà et là comme un insensé ; il n'est point de cœur épris d'un tel amour qui puisse s'en défendre, point de cœur qui puisse s'y soustraire. Quel cœur, pensez-vous, pourrait ne pas se fendre ? Quel cœur pourrait supporter une fournaise aussi embrasée ? Ah ! s'il m'était donné de trouver une âme capable de me comprendre, une âme qui pût pénétrer mon cœur, elle aurait pitié de moi.

IX

Le ciel et la terre me crient et me crient sans cesse, toute créature me crie que je dois aimer. Chacune d'elles me dit : « De tout ton cœur aime ; aime l'amour qui n'a pas dédaigné de t'étreindre lui-même ; l'amour soupire après toi ; toutes, il nous a créées pour t'attirer à lui ».

Oui, je vois abonder sans mesure la douceur et l'amabilité de cette lumière attrayante, qui se répand en tous lieux.

X

Je voudrais aimer plus, si plus était en mon pouvoir ; mais que puis-je faire encore ? Mon cœur déjà n'est plus à moi ; quels que soient mes désirs, je ne puis donner plus que moi-même, chacun le comprendra. J'ai donné mon cœur sans réserve pour posséder celui qui m'aime, celui qui opère en moi un changement si merveilleux. O beauté ancienne et nouvelle, lumière sans mesure dont la splendeur est si délicieuse ! depuis que je t'ai trouvée, j'ai donné mon cœur sans réserve.

XI

A la vue d'une telle beauté, j'ai été ravi hors de moi-même, je ne sais plus où j'ai été conduit, mon cœur s'est fondu comme la cire, il a pris l'empreinte du Christ. Non, jamais échange semblable ne s'est rencontré ; pour revêtir Jésus-Christ, mon cœur tout entier s'est dépouillé, il s'est transformé ; son cri est l'amour ; il le sent ; mon âme s'est annihilée, tant elle est plongée dans les délices.

XII

Mon âme est enchaînée par sa douceur, tout entière elle se jette en avant pour l'embrasser ; plus elle contemple sa beauté, plus elle s'élance hors d'elle-même ; dans le Christ elle a placé elle-même et tous ses biens, de soi elle ne garde plus aucun souvenir ; elle ne s'inquiète plus de se procurer aucune autre chose ; elle ne saurait rien perdre d'estimable, elle n'a d'elle-même aucun sentiment.

XIII

Mon âme transformée en Jésus-Christ est devenue presque le Christ, unie à Dieu elle est presque divine ; un tel honneur l'emporte sur tout honneur ; tout ce que possède le Christ est à elle, elle est Reine. Puis-je maintenant demeurer triste encore et demander un remède à mes fautes ? Non, en moi il n'y a plus de sentine où je découvre le péché, le vieil homme a été mis à mort et toute fange purifiée.

XIV

Dans le Christ, une créature nouvelle a pris naissance, elle est dépouillée du vieil homme ; un homme nouveau a été formé, mais mon amour s'accroît d'une telle ardeur, que mon cœur me semble transpercé d'un glaive ; ce feu m'enlève mon âme et mes pensées ; le Christ si beau m'entraîne tout entier, je m'embrase en le voyant, et je pousse un cri d'amour : « Amour, que tant je désire, ah ! fais-moi mourir d'amour ! ».

XV

Pour toi, ô amour, je me consume en languissant ; pour t'étreindre je vais poussant des cris ; si tu t'éloignes, en vivant, je meurs, je soupire, je pleure, jusqu'à ce que je t'aie retrouvé ; puis, quand tu reviens, mon cœur se dilate, pour qu'en toi tout entier, il puisse se transformer. Donc, plus de retard ; ô amour, souviens-toi de moi ; puisque tu me tiens enchaîné, maintenant consume mon cœur.

XVI

Doux amour, regarde ma peine ; je ne saurais supporter une telle ardeur. L'amour s'est emparé de moi, je ne sais plus où je suis, je demeure étranger à mes actions, à mes paroles, à mes pensées ; je m'en vais par les chemins comme un homme égaré ; souvent je tombe épuisé à force de languir, je ne sais comment soutenir pareil tourment, la douleur qu'il m'inspire a ravi mon cœur.

XVII

Mon cœur ainsi ravi, je ne sais plus que faire, ni souvent ce que je fais ; quiconque me regarde m'invite à expérimenter si l'amour inactif saurait te plaire, ô Christ ; mais s'il ne te plaît pas, de quoi puis-je être capable ? Mon âme est épuisée d'une telle abondance ; l'amour qui m'embrase ainsi m'enlève toute action, tout vouloir, toute initiative ; je perds tout sentiment.

XVIII

Autrefois, je savais parler, et maintenant je suis devenu muet ; je voyais, et aujourd'hui je suis aveugle ; non, jamais abîme semblable ne s'offrit à mes yeux ; je me tais et je parle ; je fuis et je suis enchaîné ; je m'élève vers les hauteurs et je descends à la fois ; je tiens et c'est moi qui suis tenu ; je suis dedans et dehors en même temps ; je poursuis et je suis poursuivi. Amour sans mesure, pourquoi me rendre insensé, pourquoi me faire mourir dans une fournaise si embrasée ?

XIX

JÉSUS-CHRIST

O toi qui m'aimes, mets l'ordre en ton amour ; il n'y a point de vertu sans ordre. Puisque tu

désires tant me trouver, renouvelle ton âme
par la vertu. Appelle-moi pour m'aimer, j'y
consens ; mais que ta charité soit réglée. L'arbre
se fait connaître à l'ordre de ses fruits, l'ordre
préside à tout, à tout il donne sa valeur.

XX

Toutes les créatures sorties de mes mains
sont faites avec nombre et mesure, toutes elles
sont ordonnées pour leur fin. Par l'ordre ainsi
tout conserve sa valeur, et bien plus encore,
la charité est soumise à l'ordre par sa nature.
Si donc par ton ardeur, ô âme, tu es devenue
insensée ; si tu as abandonné tout ordre, aucun
frein ne règle ta ferveur.

XXI

L'AME OU FRANÇOIS

O Christ ! tu m'as volé mon cœur, et tu com-
mandes à mon âme d'aimer l'ordre ! Comment,
depuis que je suis changé en toi, peut-il être
resté en moi quelque chose de bien ordonné ?
Comme le fer plongé dans le feu et l'air péné-
tré par les rayons brillants du soleil perdent
leur forme et prennent une autre figure, ainsi
change l'âme pure revêtue de ton amour.

XXII

Et une fois qu'elle a perdu sa vertu propre, elle devient impuissante à agir selon elle-même ; telle elle est formée, telle est sa vertu, tels sont les fruits et les œuvres qu'il est en son pouvoir de produire. Si donc mon âme est transformée en la vérité, si elle est transformée en toi seul, ô Christ qu'il est si doux d'aimer, à toi seul et non à moi il faut imputer les actes auxquels je me livre. Si en agissant ainsi je ne saurais te plaire, alors, ô amour, tu ne saurais te plaire à toi-même.

XXIII

O sagesse suprême, si je suis insensé, c'est là ton œuvre à toi, je le sais à n'en pouvoir douter. Ainsi tu m'as rendu depuis le jour où je fus blessé ! Quand je fis un pacte avec l'amour et que, me dépouillant de moi, je fus de toi-même vêtu, je me trouvai enchaîné, je ne sais comment, à une vie nouvelle, n'ayant plus rien de moi ; et maintenant, l'amour m'a rendu fort, les portes se sont brisées et j'habite avec toi, ô amour !

XXIV

Tu m'as conduit dans une telle fournaise et tu voudrais que je puisse me contenir, alors que tu t'es donné sans réserve, alors que tu m'as enlevé toute mesure ! Petit, tu suffisais à remplir mon cœur ; aujourd'hui que tu es devenu grand, non je ne saurais te contenir. O amour, s'il y a folie, la folie vient de toi, elle n'est point mon œuvre ; toi-même, ô amour, as tracé cette voie.

XXV

Tu n'as pas su te défendre de l'amour, il t'a conduit du ciel sur la terre ; ô amour, tu es descendu à un degré d'abaissement tel, qu'on t'a vu aller par le monde comme un homme du dernier rang ; tu n'as voulu ni demeure, ni bien, et cette pauvreté avait pour but de nous enrichir ; en la vie et à la mort, tu as montré par des signes infaillibles l'amour sans mesure dont ton cœur était embrasé !

XXVI

Tu allais par le monde comme un homme ivre, l'amour te conduisait comme un homme enchaîné à ses lois, en toutes choses toujours tu montrais l'amour comme si toi-même tu te fusses oublié. Dans le temple tu criais : « Qu'il vienne boire celui qui est altéré, celui qui a soif d'amour, et à lui il sera accordé un amour sans bornes qui le rassasiera avec délices ».

XXVII

La sagesse n'a point su te contenir ni t'empêcher de répandre sans cesse l'amour. Tu naquis de l'amour et non de la chair, ô amour incarné, afin de sauver l'homme. Pour nous embraser, tu as couru à la croix ; oui, tu te condamnas au silence, ô amour ; tu ne voulus point te défendre devant Pilate, afin d'accomplir notre rachat sur la croix de l'amour.

XXVIII

Là je vois la sagesse qui se cache et l'amour seul se laisse voir, la puissance ne se montre plus, la force elle-même est dédaignée. Oui, il est grand l'amour, qui se répand alors, là ne peut se trouver que l'amour, le regard et la volonté, tout est enchaîné par l'amour sur la croix, l'homme est étreint dans un amour immense.

XXIX

Si donc, ô Jésus, je suis épris d'amour, si je suis enivré d'une telle douceur ; si je m'en vais comme un insensé ; si j'ai perdu tout sentiment et toute force, qui pourra me reprendre ? Quand l'amour t'a lié de la sorte, quand il t'a privé ainsi de toute grandeur, quelle force pourra donc m'empêcher de devenir insensé pour t'embrasser, ô mon amour ?

XXX

Et cet amour qui me rend insensé semble t'avoir à toi-même ravi ta sagesse ; cet amour qui me fait languir t'a à cause de moi enlevé toute puissance. Non, je ne veux plus, non je ne puis désormais souffrir autre chose ; je suis le captif de l'amour, je ne saurais résister ; la sentence pour moi est lancée, il faut que je meure d'amour. Que tout secours s'éloigne de moi, je veux mourir d'amour.

XXXI

Amour, amour, qui m'as blessé de la sorte, non, je ne puis que crier : Amour !

Amour, amour, qui m'as ravi si fortement, mon cœur en tout temps se répand en amour, pour toi je veux défaillir d'amour.

Amour, toi seul je veux connaître.

Amour, au nom de ta bonté, fais-moi mourir d'amour.

Amour, amour, ô Jésus, je touche au port ; amour, amour, ô Jésus, viens à mon secours.

Amour, amour, ô Jésus, qui m'as ainsi enflammé ; amour, amour, ô Jésus, je succombe sous les coups de l'amour.

O amour, fais que je demeure toujours embrasé, qu'avec toi je sois transporté dans la vérité et la charité suprême.

Amour ! Amour ! Amour ! toute chose me crie : Amour !

Amour, telle est ta profondeur, que plus on s'attache à toi, plus on te désire.

Amour, amour, tu es le cercle qui environne de toute part mon cœur, qui le retient pour qu'il t'aime à jamais ; tu es ma nourriture, tu es mon vêtement, tu es pour moi toute douceur, que je crie donc en tout temps : Amour ! Amour ! Amour !

Tout ce que tu fis pour moi, ô amour, je ne saurais le reconnaître. O amour, amour, tant je t'aime, que je pense bien mourir de tes atteintes ; amour, amour, amour, tant sur moi tu exerces d'empire !

Amour, amour, fais-moi passer en toi.

Amour, qui seul me fais languir avec tant de douceur ; amour, mon désir unique, qu'il me serait doux de mourir.

Amour, objet de mes affections, plonge-moi tout entier dans l'amour.

Amour, amour, mon cœur se brise ; amour, amour, tant il se sent frappé !

O amour, ô Jésus, entraîne-moi vers ta beauté.

Amour, amour, que par toi je sois ravi.

Amour, amour, que je vive, ne me dédaigne pas.

Amour, amour, avec toi mon âme est unie ; amour, tu es sa vie ; désormais elle ne peut s'éloigner ; toi-même as causé sa langueur, tu l'as fait fondre tout entière d'amour.

Amour, amour, amour, je veux mourir tout brûlant de Jésus, je veux mourir en t'étreignant contre mon cœur.

Amour, Jésus, mon doux époux, amour, amour, je t'en prie, donne-moi la mort.

Amour, amour, Jésus si compatissant, en toi-même tu m'as transformé. Pense donc que je m'en vais en mourant d'amour ; je ne sais plus où je suis , Jésus, mon espérance, allons donc ! que maintenant je m'endorme dans l'amour !

Ce beau poème, tantôt monologue et tantôt dialogue, est divisé en trois parties..

Dans la première, long monologue de dix-huit strophes, François d'Assise se plaint à Jésus d'être entraîné dans un abîme sans fond par l'amour dont son cœur est brûlé ; il se sent devenir fou, et voudrait s'arrêter sur cette pente qui effraie son humanité, faite de modération et d'harmonie, mais il ne le peut pas, car « cette flamme monte toujours » et son cœur en est consumé comme « la cire au feu ».

Il ne savait pas, quand il demandait l'amour

au Seigneur, quand il lui disait dans sa quotidienne prière : « Seigneur Jésus, je voudrais vous aimer ; Seigneur très aimant, je voudrais vous aimer !... », il ne savait pas qu'une fois exaucé, il éprouverait un pareil tourment. Il croyait trouver la paix dans l'amour, mais voici qu'ayant gagné l'amour, il a perdu le jugement, la volonté, la faculté de jouir et de sentir, en sorte qu'il n'est plus lui-même. Cet amour l'a trompé, car, pour l'avoir, il a tout donné, et maintenant il n'a plus que lui, et, pour tout le reste, il est « anéanti » et « insensé », « esclave » et « vendu ». Il ne peut plus se reprendre, il ne peut plus jouir ni du ciel, ni de la terre : « Je n'ai plus d'yeux pour voir la créature, toute mon âme crie vers le Créateur ; ni le ciel ni la terre n'ont rien qui me soit doux ; tout s'efface devant l'amour du Christ. La lumière du soleil me paraît obscure quand je vois cette face resplendissante ; les chérubins et leur science, les séraphins et leur amour ne sont rien pour qui voit le Seigneur ».

. . . .

Ces tendres plaintes une fois exhalées, François chante l'amour, ses ravissements et ses joies : « Mon âme, doucement entraînée, se précipite dans les embrassements du bien-aimé ; plus elle contemple sa beauté, plus elle est hors d'elle-même ; riche du Christ, elle met tout en lui, et n'a plus aucun souvenir d'elle-même...

« Tout ce qui est au Christ est à elle..... elle est reine..... »

Mais l'amour n'est pas toujours heureux et satisfait, car l'objet aimé tantôt se retire, délaissant le cœur amoureux, et tantôt revient, et François, dans l'abandon, jette ces cris d'angoisse : « Je languis et je brûle pour toi, je soupire après tes embrassements..... Doux amour, regarde ma peine..... Je tombe épuisé à force de languir..... ô amour sans mesure, pourquoi me rends-tu insensé, et me fais-tu mourir dans une si ardente fournaise ?..... »

Le Christ, touché et vaincu, semble entrer dans les sentiments de son serviteur, et un dialogue s'engage entre eux.

Dans ce dialogue, qui s'établit de la dix-neuvième strophe à la trente et unième et qui forme la deuxième partie du poème, le Christ recommande à François de mettre l'ordre et la mesure dans son amour, car l'ordre est la première des vertus : « O toi qui m'aimes, mets l'ordre en ton amour, il n'y a point de vertu sans ordre..... »

Il lui donne en exemple la création, faite « avec nombre et mesure », où toutes choses sont « ordonnées à leur fin », et en laquelle l'ordre maintient l'harmonie. Or, François est sorti de la règle en aimant sans frein, et s'il est devenu insensé, c'est qu'il n'a pas su mesurer sa ferveur.

Cette objection de Jésus est évidemment l'artifice très ingénieux dont le poète se sert pour amener la réponse de François, c'est-à-dire pour faire chanter par le saint la plus « triomphante apologie des ardeurs de l'amour divin que nous connaissions » (1), avec celle de l'Imitation de Jésus-Christ, où nous lisons :

« L'amour souvent ne connaît point de mesure, mais comme l'eau qui bouillonne, il déborde de toutes parts.....

«.... Que je chante le cantique de l'amour, que je vous suive, ô mon bien-aimé, jusque sur les hauteurs de votre gloire, que toutes les forces de mon âme s'épuisent à vous louer, et qu'elle défaille de joie et d'amour.....

« .... O Seigneur, ô mon Dieu, quand vous descendrez dans mon cœur, toutes mes entrailles tressailliront de joie !..... » (2).

Ainsi, deux hommes du treizième siècle, deux grands saints, amoureux du Christ Jésus, se sont rencontrés pour exprimer avec la même intensité et la même profondeur les délectations de l'amour divin.

(1) Le Monnier, t. II, p. 225.
(2) *Imitation de Jésus-Christ,* liv. III, chap. V

Dans sa réponse, qui est contenue et forte, saint François proteste donc contre le conseil de modération que lui donne le Sauveur, en lui portant ce coup droit : « En te donnant à moi sans mesure, tu m'as ôté toute mesure à moi-même..... Puisque tu as revêtu mon âme de toi, elle est devenue amour, tu as été pour elle comme le feu, comme le soleil qui embrasent et transforment les choses..... S'il y a faute, elle est tienne, ô amour !..... »

Après s'être défendu de pouvoir aimer avec ordre et mesure, François retourne contre le Christ le reproche que celui-ci lui a fait d'aimer sans règle et sans frein, comme un insensé, et il remet devant ses yeux divins toutes les preuves de tendresse ardente et de passion immodérée que le Christ a données à l'homme, « dans la vie comme dans la mort..... » « Toi-même n'as pas su te défendre..... Tu es descendu jusqu'à la bassesse d'aller par le monde comme un homme méprisé..... Tu n'as montré qu'un amour sans mesure qui te dévorait le cœur..... souvent tu cheminas sur la terre comme un homme enivré..... L'amour te menait comme un homme vendu..... Et si tu ne parlas point devant Pilate, ce fut pour conclure le marché de notre salut, sur la croix, que déjà ton amour avait dressée ».

Voilà, peinte en quelques traits, toute la vie humaine du Christ, sa naissance, son enfance et sa jeunesse toutes pauvres : « Tu n'as voulu ni maison ni terre ! » puis sa mission évangélique, toute de désintéressement et de donation : « En toutes choses, tu ne montras qu'amour, ne te souvenant jamais de toi ! » Comment mieux peindre en raccourci les courses apostoliques de Jésus à travers la Galilée, la Judée, la Pérée, la Samarie, où il sema sous chacun de ses pas les miracles de sa bonté et de sa commisération, guérissant les âmes avec les corps, s'oubliant si bien « qu'il n'avait pas une pierre où reposer sa tête ? » Et enfin sa mort volontaire, rendue inévitable par le silence qu'il opposa à toutes les questions du juge irrésolu et politique, qui voulait le sauver du gibet.

La strophe trente et unième forme la troisième et dernière partie du poème. A elle seule, elle compose un morceau lyrique très appréciable, et pourrait être intitulée : « Invocation à l'Amour ! » Cris de délire d'une passion exacerbée et folle, tendres exclamations, plaintes ininterrompues comme des roucoulements de colombe, élans d'une âme passionnée et douloureuse vers l'objet de sa passion, soupirs amoureux du cœur qui se consume dans la solitude en attendant le bien-aimé, appels éperdus à l'amour, ainsi peut se résumer cette dernière partie du poème.

Entrons dans quelques détails de cette troisième partie.

François, qui figure l'épouse, se lamente, gémit dans le délaissement de son âme : « Amour, amour, doux Jésus, mon époux, que tu me fais souffrir ! » « comme le passereau solitaire sur le toit », ou comme la fiancée biblique : « J'ai cherché mon bien-aimé et ne l'ai point trouvé ! Je l'ai appelé et il ne m'a point répondu ! » (1).

Il se défend, il craint, comme la douce épousée le soir de ses noces, et cependant il désire et il appelle : « Amour, amour, ô Jésus, viens à mon secours ! » comme l'amoureuse ardente du Cantique des Cantiques, qui crie : « Reviens, mon bien-aimé, viens semblable au chevreuil et au faon de la biche, sur les monts de Bether » (2).

Quand accourt l'époux, l'épouse triomphe et exprime son ravissement en des sons inarticulés, puis elle s'écrie : « Amour, amour, Jésus, mon doux Epoux, amour si plein de charmes, amour, objet de mes désirs, entraîne-moi vers ta beauté !..... » Ainsi l'époux du Cantique de Salomon dit à son épouse : « Tu es belle, ô ma bien-aimée, tu es belle, tes yeux sont ceux de la colombe » (3).

Et enfin, vient l'étreinte, la communion des

____

(1) *Cantique des Cantiques,* chap. V, v. 6.
(2) *Ibidem,* chap. II, v. 17.
(3) *Ibidem,* chap. I, v. 15.

âmes, la possession qui donne le parfait bonheur : « Jésus, donne-moi la mort en me plon-
geant dans l'amour ; je veux mourir en t'étreignant contre mon cœur. Je ne sais plus où je
suis, que maintenant je m'endorme dans
l'amour ! » Tel chante l'époux du livre
sacré : « Viens, environs-nous de délices,
rassasions-nous de voluptés jusqu'à ce que le
jour paraisse » (1).

Et le poème se termine sur cette pensée de
l'union avec Jésus dans le sommeil de la
mort.

Cette rapide analyse nous montre combien
le morceau est plein de suaves et ardentes pensées, de sublimes sentiments nourris à la subs-
tance de l'ancien Testament.

Le poète a pris dans les Psaumes de David
et dans les œuvres de Salomon tout ce qui
reflète et exprime l'amour passionné et pur qui
emplissait le cœur de ces grands poètes qu'é-
taient les Rois-Prophètes. Sans doute le sens
littéral annonce que Salomon a fait du Cantique
des Cantiques un chant nuptial en l'honneur
d'une de ses épouses : « Que ton amour est
délicieux, ma sœur, mon épouse, que ton amour
est doux. Il est plus doux que le vin, que les
parfums les plus exquis, que les aromates les
plus précieux..... Tes lèvres, mon épouse, sont

(1) *Proverbes,* chap. VII, v. 18.

le rayon qui distille le miel ; le miel et le lait sont dans ta bouche, et l'odeur de tes vêtements est comme l'odeur du Liban » (1).

Mais les poètes chrétiens, en laissant de côté le sens charnel qu'ils paraissent avoir de prime abord, s'inspirèrent toujours de ces accents profonds et vrais, pour chanter les extases de l'amour divin, et les poètes franciscains ne s'en firent pas faute.

Les accents d'amour du roi Salomon, les accents d'amour de l'auteur de l'Imitation, les accents d'amour du poète de « *Amor di Caritate* » ne sont-ils pas pris à la même source, à la source première, à la source insondable et jamais tarie du cœur de Dieu, cette source qui alimenta tous les amours humains ?

Le poème *Amor di Caritate* compte trois cent soixante vers et a été écrit en langue italienne. Les premiers historiens de saint François, saint Bonavanture, saint Bernardin de Sienne lui en attribuent la paternité ; mais les historiens modernes disent qu'il est d'une facture trop savante pour avoir été composé par le Poète d'Assise. Anciens et modernes s'accordent à reconnaître que les idées et les sentiments qu'il exprime reflètent sincèrement ceux du Patriarche séraphique.

(1) *Cantique des Cantiques*, chap. IV, v. 10 et 11.

Nous sommes de l'avis des historiens modernes. Nous ne pensons pas que François d'Assise
soit l'auteur du poème : « Amour de Charité »,
non seulement parce que la facture en est trop
savante, mais encore parce que ses accents ne
cadrent pas avec l'amour ingénu et filial de
François pour le Christ. Cette passion délirante
et sans frein, cet amour sauvage et fou décèle
une nature de feu, un italien pur sang, comme
un d'Annunzio du treizième siècle. Nous pouvons, je crois, lui désigner le même auteur
qu'au poème précédent : *In foco amor mi mise.*

D'autre part, si nous comparons ces deux
œuvres lyriques, nous reconnaîtrons que non
seulement la forme du second est plus parfaite
et plus achevée, mais encore que le sentiment
en est plus profond, plus étendu, plus subtil,
l'analyse plus fine et plus délicate. « Ce poème,
dit un commentateur, renferme le dialogue le
plus splendide et le plus riche entre l'âme et
Dieu ». Seul le génie tourmenté et profond de
Pascal eût pu trouver des accents aussi dou-
loureusement pensés et sentis dans le « Mystère
de Jésus », s'il avait pu achever son œuvre,
pour traduire son désir insatiable et véhément
de la possession et de la joie divines.

Saint François, on le voit par celles de ses
œuvres que nous avons étudiées, et par celles
qu'il inspira, fut un très grand poète, grand

par l'âme, par le cœur, par l'imagination, par les idées et par le goût, sinon par l'art, qui n'est à proprement parler que le savoir faire, la méthode, la science des règles propres à la versification.

Il a été et il reste incomparablement le Poète de l'amour divin.

CHAPITRE VI

CARACTÈRES DU LYRISME
DE SAINT FRANÇOIS

ET CAUSES QUI ONT FAVORISÉ SON GÉNIE

:Les trois caractères principaux du lyrisme de saint
. François : le sentiment religieux, le sentiment chevaleresque, l'amour de la nature. — Qualités françaises
de son esprit et de son style. — Les trois causes qui
ont favorisé son génie : ses atavismes, son siècle,
son pays.

Des œuvres lyriques authentiques de François
d'Assise, on peut dégager des qualités commu-
nes, qui sont comme les caractères, les marques
propres à son génie lyrique.

En toutes celles que nous avons étudiées,
nous avons trouvé le sentiment religieux, le
sentiment chevaleresque, l'amour de la nature,
trois hauts sentiments que nous pouvons, en
définitive, ramener à deux, l'amour et l'héroïsme, et qui nous paraissent être les caractères
principaux du lyrisme de François d'Assise.

Le sentiment religieux. Toutes ses poésies,
en effet, expriment l'amour de Dieu et de ses

œuvres, soit les œuvres matérielles, soit les œuvres spirituelles. Toutes ont pour premier objet de s'adresser à Dieu, de s'agenouiller devant Lui, de Le louer, de Le bénir, de Le remercier, et d'exprimer ainsi toutes les manifestations de l'amour le plus pur et le plus absolu. La prière, c'est-à-dire la demande que les hommes sont portés à faire pour que Dieu satisfasse leurs désirs et leurs besoins, ne vient, dans les œuvres de François d'Assise, que bien après l'adoration, la louange, la reconnaissance, car, dans ce grand cœur amoureux, la générosité parle toujours la première. Il adore, il aime, il se donne enfin, tout filial et tout confiant, et il ne sait que dire « Merci » au Père Céleste.

On dit d'un homme qui a les sentiments chevaleresques : c'est un gentilhomme. Nul ne le fut plus et mieux que François d'Assise. Le sentiment chevaleresque, fait de délicatesse, de pureté, de pitié pour le faible, de respect de la femme, de politesse d'esprit, de courage moral, transparaît dans ce beau poème où il chante « Messire le Soleil », et notamment dans la laude adressée aux Vertus, qu'il salue tour à tour avec tant de grâce et de courtoisie, et qu'il loue si finement ; et aussi dans les laudes à la Vierge Marie, d'un sentiment mêlé de respect, de piété et de pure tendresse.

Le sentiment de la nature, toute l'œuvre en témoigne. Le premier des poèmes célèbre uniquement la création, et toutes les paroles, tous les actes du Poète d'Assise nous révèlent l'ardent et fraternel amour qu'il portait à toutes les créatures, et l'exquise compréhension qu'il en avait. Il a porté cet amour de Dieu et des hommes jusqu'à l'héroïsme, en lui sacrifiant ses biens, sa personne et sa vie tout entière.

Notre étude nous a révélé aussi les qualités d'esprit de François d'Assise. Selon le critère de Buffon : « Le style, c'est l'homme », nous les avons déduites de son style.

Or, dans le style on considère deux choses : la composition littéraire, qui comprend la recherche des idées et leur mise en ordre, et le style proprement dit, dans lequel on étudie la cadence et l'harmonie de la phrase, et le choix des mots.

Apprécions les œuvres lyriques de saint François en nous aidant de ces règles.

Dans les cantiques et les laudes du Poète d'Assise, le sentiment est tout, et la composition littéraire presque rien. C'est du sentiment que procèdent les idées, c'est lui qui les crée, qui les amplifie, qui les ordonne. Aussi, ne cherchons point d'art dans ces œuvres, cherchons de l'amour ; ne cherchons point le versificateur, cherchons l'homme.

Toutes les idées de saint François se rapportent à Dieu vu comme Créateur, comme Père, et surtout comme Rédempteur. La création, œuvre de son amour, les bienfaits qu'elle nous apporte, les habitants du ciel, la Vierge, les anges, les saints, les vertus qu'ils ont eues ; nos devoirs envers le Père Céleste, envers ses amis et envers ses œuvres, telles sont, en résumé, les idées de François d'Assise. Aucune laborieuse recherche, elles sont perpétuellement présentes à son esprit et à son cœur. Nettes, simples, comme des idées premières qui viennent directement de Dieu, par la révélation des Livres Saints, elles ne sont point engoncées dans les systèmes de philosophie, ou ligotées par le doute ; elles ont la qualité éminemment française de son esprit, la clarté. Elles sont sincères et désintéressées. Ce n'est pas lui qu'il cherche ou qu'il étudie ; il ne se regarde pas vivre, il ne scrute pas son être conscient et subconscient, avec la lanterne d'un criticisme aigu, plus ou moins éclairé. Aussi ses idées sont-elles joyeuses, optimistes et confiantes.

La mise en ordre de ses idées ? Elle est bien simple et ne révèle aucune gêne, aucune étude de rhétorique. François a dans les idées l'ordre logique qu'il a dans l'âme, où Dieu occupe la première place, et où toutes les créatures sont vues dans la hiérarchie que leur donne la foi.

Quant à la phrase et au choix des termes, on peut en résumer les caractères par ce mot : la simplicité. Aucun apprêt, aucune amplification, aucune redondance, aucun artifice de langage, aucun symbolisme, pas de figure de rhétorique, pas d'obscurités, pas d'emphase, mais, pour exprimer la pensée la plus nette et la plus vraie, du goût naturel, et la belle et pure simplicité de la construction logique et du mot propre.

Où donc saint François a-t-il pris ces belles qualités littéraires, autrement dit, quelles sont les causes et les influences qui ont favorisé son génie poétique ?

A part le don naturel que Dieu lui fit pour traduire dans le langage ailé de la poésie l'amour dont Il le combla, les influences où son lyrisme a puisé l'originalité qui le distingue, ne peuvent se trouver que dans le milieu où il est né et où il a vécu, c'est-à-dire dans la mentalité, les traditions, les habitudes, les faits, et la terre qui ont impressionné sa jeune âme. En tenant compte de tous ces facteurs, nous pouvons affirmer que le génie de François d'Assise a été fécondé à la fois par le sang français qui coulait dans ses veines, par le siècle de foi qui l'a produit, siècle des croisades et de la chevalerie, et par sa terre natale.

Le génie français de son ascendance maternelle, lui donna les qualités de son esprit ; le treizième siècle fut la coupe où son cœur puisa le sentiment religieux et le sentiment chevaleresque ; à Assise, sa patrie, il prit l'amour de la nature.

Tels sont les trois éléments, autrement dit les trois sources humaines qui ont formé et développé le génie de François d'Assise.

Replaçons le Poète au sein de ces trois éléments, de ces trois sources de sa formation spirituelle, et étudions de plus près ses atavismes, son siècle et son milieu.

SES ATAVISMES. — L'atavisme est cette force, cette tendance instinctive que nous apportons en naissant, en notre chair et en notre sang, et que nous tenons de nos parents.

De son père, Pierre Bernardone, noble marchant d'Assise, François eut les qualités sérieuses et pratiques : la finesse de l'intelligence, l'esprit de suite, la force et l'habileté dans l'action ; par sa mère, il eut, sans nul doute, pour premier précepteur la poésie provençale. Pica lui en donna le goût sans le savoir et sans le vouloir, et lui en apprit des fragments dès son enfance. On sait que dona Pica était française et provençale. Elle appartenait, croit-on, à la famille des Bourlemont, et l'on conçoit que, élevée elle-même dans un milieu de nobles coutumes, où les fêtes de la chevalerie, tournois, carrousels, cours d'amour, tenaient tant de place, elle ait initié son fils à cette civilisation raffinée du Midi de la France.

Tout petit, elle l'endormait avec des lais, des berceuses et de douces chansons, le faisait jouer avec des rondeaux, et intéressait son jeune esprit en lui racontant les exploits des paladins et des chevaliers. Ses premiers bégaiements s'essayèrent dans la langue maternelle, et plus tard, toute sa vie, il aima la langue française plus qu'aucune autre. De cœur et d'esprit, il aimait la France, cette terre de la chevalerie et des Chansons de Geste ; il était vraiment français, car, dit son premier historien, Thomas de Celano, « il avait le cœur franc et noble. »

Jeune homme, il chantait et récitait des vers français avec passion. Les douces ballades qu'il avait entendu fredonner par sa mère, les refrains épiques ou lyriques des jongleurs et des troubadours populaires chantaient dans sa tête, et il les répétait inlassablement.

Il tint encore de son sang maternel la distinction des manières, la noblesse des sentiments puisés dans le sang d'une race sanctifiée par les sacrifices, par l'héroïsme des croisades et de la chevalerie ; et les qualités de l'esprit français, la clarté, la logique, la précision, la simplicité.

Il hérita enfin par sa mère des riches dons poétiques d'une contrée où la poésie coule de source, où la nature est toujours en liesse, où le soleil fait éclore des chansons sur les lèvres, comme il fait éclater les bourgeons au bout des

branches, épanouir dans les champs les roses
et les œillets, mûrir les fruits d'or en toute
saison.

Son siècle. — François d'Assise vécut de
1181 à 1226. Il appartient donc, dans son âge
d'homme, au treizième siècle, qui fut son second
précepteur. Or, le treizième siècle est l'époque
brillante de la chevalerie, l'époque glorieuse
de la poésie épique, des trouvères, des troubadours et des jongleurs, qui chantent les Chansons de Geste. Et précisément, pendant la prime
jeunesse de François, de 1180 à 1200, quatre
de nos plus grands troubadours provençaux,
Bernard de Ventadour, Cadenet, Raimbaud de
Vaqueras et Pierre Vidal, vinrent en Italie, et dans
les palais, les châteaux ou les villes de la Lom-
bardie, de la Toscane et de l'Ombrie, ils chantèrent ou firent chanter par leurs jongleurs
leurs propres œuvres, ou celles dont le renom
les avait précédés : la Chanson de Roland, Lan-
celot du lac, Tristan et Yseult, romans du Saint-
Graal, romans de la Table Ronde, et tant d'autres poèmes universellement connus, romans
d'amour et d'héroïsme, ou romans d'aventures,
qui soulevaient l'enthousiasme des foules et
les consolaient souvent d'une trop plate réalité.
Ces troubadours du Midi, plus brillants et
plus raffinés que les trouvères du Nord, expo-
saient toutes les subtilités de la galanterie qui

régnait dans les cours d'amour de la Provence et du Languedoc, à la cour de la reine Aliénor ou de la princesse Marie, et pour ces raisons, ils avaient plus de succès dans les villes d'Italie où les passions étaient si vives.

Ils chantaient les lais délicieux de Marie de France, par exemple l'histoire d'amour très pur de ce chevalier qui « toutes les nuits vient regarder sa dame accoudée à la fenêtre ; elle a un vieux mari qui s'inquiète et lui demande ce qu'elle fait ainsi ; elle répond qu'elle vient entendre le chant du rossignol, et le brutal fait tuer le doux chanteur ; la dame envoie le petit corps de l'oiseau à son ami, qui le garde dans une boîte d'or » (1).

Ou encore l'aventure de Tristan, « qui, banni de la cour du roi March, apprend qu'Yseult doit traverser la forêt où il s'est retiré ; il jette sur le passage de la reine une branche de coudrier autour de laquelle est enroulé un brin de chèvrefeuille, et sur l'écorce, il a gravé ces mots :

> Belle amie, ainsi va de nous,
> Ni vous sans moi, ni moi sans vous.

La reine voit, comprend, entre sous bois. Elle trouve Tristan : « ils causent, joyeux ; ils se séparent pleurant » (2).

(1) *Lais de Marie de France.*
(2) *Ibidem.*

Ils récitaient les vers du trouvère Taillefer, qui, ayant assisté à la bataille d'Hastings, célébrait la mort d'Harold, et la douleur de sa fiancée, la belle Edith au cou de cygne, qui, seule, avait pu reconnaître sur le champ de bataille le corps défiguré de celui qu'elle aimait. Le peuple toujours sentimental, raffolait de ces histoires.

La Chanson de Roland était dans toutes les mémoires et de toutes les fêtes. Ils en déclamaient des parties plus ou moins importantes et plus ou moins mêlées de merveilleux, et tout le monde s'intéressait aux pleurs de la belle Aude, aux aventures de Bayard, le cheval-fée, aux nobles accents de l'archevêque Turpin, type légendaire du prélat guerrier, qui exhorte, bénit et absout les soldats martyrs mourant avec Roland ; à la majestueuse prestance de ce Charlemagne à la barbe fleurie, environné de ses douze pairs. Certains épisodes comme les adieux de Roland et d'Olivier, Roland brisant sa Durandal, la dernière bénédiction de Turpin, étaient inlassablement redemandés.

Toutes ces œuvres célébraient, exaltaient, dans un langage poétique et entraînant, les deux plus purs sentiments qui fussent dans les cœurs : l'amour et le courage, personnifiés dans les chevaliers de la Table Ronde, ou dans les preux de Charlemagne, et c'est pourquoi toute l'Italie faisait fête aux troubadours et aux jongleurs français. On organisait de splendides fêtes pour les recevoir, les seigneurs dans la grande salle féodale, les bourgeois et les vilains sur la place publique, et tout le peuple y assistait, joyeux.

François Bernardone, sans nul doute, les entendit dans son enfance et sa jeunesse, et, comme ses compatriotes, il fut charmé par ce langage coloré et ardent, et par les sentiments héroïques qu'il traduisait. Il était du reste porté par sa nature délicate et raffinée à aimer ces fêtes somptueuses qu'étaient les tournois et les carrousels, et ces réjouissances publiques où les jongleurs récitaient de beaux vers, chantaient ou mimaient les principaux épisodes d'œuvres poétiques, dans lesquelles on retrouvait toutes les préoccupations qui remplissaient les esprits : luttes des grands vassaux contre la royauté, et du peuple contre les seigneurs, luttes du pape et de l'empereur d'Allemagne, et par-dessus tout, la Croisade.

Aussi, le jeune François, le cœur et l'esprit conquis, voulut fonder à Assise une cour, un cercle, dirions-nous, où les jeunes gens se voueraient à la « gaie science ». Cette proposition accueillie avec joie, François et ses compagnons remplirent d'aise Assise et les environs, en organisant des représentations théâtrales, où ils chantaient les vers français qu'ils avaient copiés et appris, et en jouant du luth et de la viole pendant les belles nuits d'été. L'hiver, la bande joyeuse passait les longues soirées en festins, en réunions, en jeux de toutes sortes, ayant à sa tête François, vêtu en jongleur, et proclamé Roi de la jeunesse d'Assise.

Il avait si bien le goût des romans poétiques que, plus tard, fondateur d'ordres religieux, il fera lire les œuvres des troubadours français à ceux de ses frères qu'il en jugera dignes.

On comprend à quel point, avec les dispositions poétiques qu'il tenait de Dieu et de son ascendance maternelle, l'intelligence de François fut à son aise pour saisir le côté noble, élevé, chevaleresque, de nos Chansons de Geste, et pour en dégager le sens moral et religieux. On comprend comment le souffle d'héroïsme répandu dans ces poèmes passa sur son âme et y laissa une empreinte qui ne s'effaça jamais, et comment il dut à l'action de son siècle une part de son génie lyrique si religieux, et ce trait original de sa personnalité, le caractère chevaleresque.

Dans le recul des siècles, tel encore il nous apparaît, le « Jongleur de Dieu », poète et chevalier tout ensemble.

Et voilà pourquoi l'Ordre que fonda François d'Assise, après sept siècles d'existence et des vicissitudes sans nombre, a encore, plus que tous les autres ordres religieux, cette allure moyenâgeuse, à la fois guerrière et poétique. Chevaliers et poètes comme leur Père, ces moi-

nes, « gens de feu et de peste », qui vont par la
vie tête nue, pieds nus, sac au dos, ceints de
la corde comme d'un ceinturon, armés du crucifix
comme d'une épée, toujours joyeux et souriants,
à travers toutes les luttes, comme des soldats
qui ont fait leur suprême sacrifice.

Et c'est ainsi que le treizième siècle a pu
pénétrer de poésie François Bernardone.

SON MILIEU. — François d'Assise fut encore
redevable aux influences du milieu dans lequel
il naquit et il vécut.

« La nature extérieure, l'Ombrie, sa patrie,
fut donc son troisième précepteur » (1).

Assise est un pays de rêve ; c'est la reine
de l'Ombrie, qui est elle-même le cœur et le
jardin de l'Italie.

Le jeune François, citoyen d'Assise, avait perpétuellement devant les yeux toute la poésie
du ciel italien et de la terre ombrienne. Il
voyait sa ville natale gracieusement étagée au
flanc du mont Subasio couronné de verdure ;
il contemplait, étendus à ses pieds, d'immenses
champs d'oliviers au pâle feuillage, et des grandes vignes qui s'enroulaient aux branches et
découpaient des festons d'un arbre à l'autre,
et quand les grappes mûres pendaient aux treilles,

(1) A. BARINE, chap. 1.

parmi les feuilles dorées ou rougies par le soleil, c'étaient la richesse et l'abondance, avec la beauté. A l'horizon, comme pour fermer ce jardin et le protéger contre les vents, une ceinture de collines aux lignes harmonieuses égayait de variété le paysage charmant de la plaine d'Assise.

Tous les poètes, tous les touristes, tous les voyageurs s'accordent pour déclarer qu'Assise est la perle de l'Ombrie: « Et que ceux, dit Dante, qui veulent parler de ce lieu ne l'appellent point Assise, car ce nom ne dirait pas assez, mais il faudrait l'appeler Orient » (1).

Le climat d'Assise est doux ; sous un soleil éclatant, rivières et torrents coulent des montagnes et fertilisent la plaine ; aussi la terre y prodigue-t-elle ses richesses, et les pauvres eux-mêmes ont en abondance la pain, le vin, l'huile, le miel et les fruits.

Dans cet Eden, les jours sont rayonnants et l'air léger, car la lumière est plus transparente que dans le reste de l'Italie ; les nuits y sont splendides, tant brillent au ciel les astres de Dieu, et jamais l'ombre nocturne ne cache tout à fait les objets, qui se découpent nettement à terre, sous la douce et pure clarté des étoiles.

Le lever du jour est délicieux ; le soleil sem-

(1) LE DANTE, *Paradis*, chant xₑ.

ble joyeux de venir chauffer cette terre de dilection ; au crépuscule, il s'attarde, et ses rayons se jouent à travers l'espace, et viennent caresser les choses de mille nuances avant de les quitter.

Dans cette contrée bénie, François a passé son enfance et sa jeunesse heureuses, il y a vécu la plus grande partie de sa vie, et il y est mort ; ses yeux ont bu cette beauté, son esprit et son cœur s'en sont imprégnés, et ont été pour toujours enivrés de l'allégresse de la nature ombrienne, toujours jeune et aimable, fête perpétuelle de ses yeux.

Comment la poésie de la nature n'eût-elle pas impressionné fortement cette âme, déjà frappée par la touche profonde de ses atavismes, soumise en même temps aux influences d'un siècle où la poésie et la foi coulaient à pleins bords, et comblée par le don de Dieu.

Avec cette frappe d'un milieu si poétique, François fut encore pétri par sa race, je veux dire par la race ombrienne. Les Ombriens de son temps aimaient la poésie et la gloire ; ils avaient le culte de l'honneur, et leurs sentiments religieux eux-mêmes avaient plus de ferveur et d'élan que ceux des autres peuples de l'Italie. Ce sont eux qui ont inventé la bannière ; et qu'est ce symbole, sinon la matérialisation d'un sentiment très ardent qui veut prendre corps ? La bannière c'est le moyen de ralliement des amis, c'est l'enseigne du parti, c'est l'étendard de la corporation, c'est le drapeau, c'est la paroisse, c'est la cité, c'est la patrie. Et depuis saint François, tous les corps constitués ont eu leur bannière.

Mais les trois sources qui ont fait germer, qui ont fécondé le génie poétique de François d'Assise, la source de ses atavismes, la source de son siècle et la source de son milieu natal et social, n'eussent rien produit, si une cause n'avait déterminé leur jaillissement. Pour qu'elles s'élancent et se répandent en chants et en poèmes, pour qu'elles s'épanouissent en œuvres lyriques, il manquait le coup de la grâce.

En 1207, François Bernardone a vingt-six ans, il vient de faire une longue maladie, et ses amis le trouvent tout changé. Il fuit leur compagnie, aime à rêver dans les solitudes, aspire à autre chose qu'à la vie de plaisir qu'il a menée jusque-là. Amoureuse de la beauté des choses extérieures, son âme s'est élevée peu à peu vers l'amour de la beauté morale, puis elle veut monter plus haut, toujours plus haut, et voler jusqu'à Dieu, qui l'attire.

Déjà touché puissamment de la grâce divine, un jour, en descendant dans la vallée, il entre dans la pauvre église de Saint-Damien, et se met à prier devant une vieille peinture byzantine où Notre-Seigneur était représenté sur la croix. Et c'est là que le Seigneur Jésus parla à François et le prit à son service. Le coup de la grâce était porté. Le roi de la jeunesse d'Assise va faire place au Jongleur de Dieu.

CHAPITRE VII

INFLUENCE DE SAINT FRANÇOIS
SUR LA POÉSIE

Les premiers disciples : Thomas de Celano, saint Bona-
venture, Frère Pacifique. — Quelques grands poètes
franciscains : Jacopone, Jacques de Vérone, Le Dante,
l'Auteur des Fioretti, Le Tasse, Lope de Vega.

Le rayonnement poétique de François d'Assise
fut plus grand après sa mort que durant sa vie.
Il avait aimé la nature ; il fut cause qu'on aima
la nature. Il avait chanté le Créateur et les créatures ; à sa suite on chanta Dieu, le Christ, la
Vierge, les anges, les saints, la création. Il
avait composé des hymnes, des proses, des cantiques et des laudes ; ses disciples rimèrent des
poèmes de tous les genres, depuis le poème
épique du Dante et du Tasse, jusqu'à la satire
de Jacopone, et à la séquence de Frère Pacifique. Il avait surtout pensé, senti et vécu en
poète et en saint ; des poètes ,des lettrés et
des savants vinrent, qui, l'ayant aimé, adoptè-
rent ses idées, ses goûts, ses renoncements,
ses tendresses et sa forme de vie et employèrent

dans l'Ordre des Frères Mineurs, leur génie poétique, leur science, et leurs talents artistiques ou littéraires. Ainsi par ses leçons et par son exemple, François d'Assise, le Jongleur de Dieu, fonda une véritable école de poésie, source abondante et large, où s'abreuvèrent pendant plusieurs siècles les esprits et les cœurs.

Les poètes de l'Ecole franciscaine se servirent de la poésie, pour ne parler, dans l'influence posthume de François d'Assise, que de ce qui se rapporte à notre sujet, comme d'un moyen pour aller au cœur du peuple, et pour exprimer plus chaleureusement que par le langage de la prose, sa foi, ses amours, ses joies et ses douleurs, enseignant, moralisant, flagellant au besoin les vices du fouet de la satire, donnant, en un mot, la plus grande impulsion qui se soit vue jusque-là, à la poésie et à la langue italiennes.

Le caractère de cette poésie franciscaine est donc éminemment religieux et populaire, et ce grand souffle inspiré, qui jaillit des œuvres qu'elle a produites, a sa source dans l'Evangile et dans le cœur gonflé d'amour des fils de saint François : « L'Ordre est pauvre, dit Ozanam, mais il a reçu l'héritage de ce triple amour que son fondateur portait à Dieu, à l'humanité, à la nature » (1).

____

(1) Ozanam, *Poètes franciscains.*

Aussi, le Séraphin d'Assise peut-il être appelé, sans conteste, le Poète de l'amour divin.
Envoyé pour ranimer l'amour dans le monde, il
a fait de cette flamme qui inonda son cœur et le
cœur de ses fils, la plus belle, la plus féconde et
la plus chrétienne des sources de poésie.

Pour mieux nous rendre compte de l'influence
poétique de saint François, nous allons passer
en revue les principaux poètes qui composent
ce qu'on pourrait appeler l'Ecole de poésie
séraphique. Nous ne citerons que les plus remarquables, tous religieux ou tertiaires franciscains,
ceux qui, en qualité de poètes, ont pris place
dans l'histoire des lettres italiennes ou espa-
gnoles.

Nous ne les étudierons pas en détail, cette
étude dépasserait le cadre de notre modeste travail ; nous nous bornerons à donner leurs noms
accompagnés d'une courte notice, comme un
simple article de dictionnaire, et sans particu-
lière étude de leurs œuvres, rien que pour
faire de leur groupe une suite à saint François.
Dans le ciel franciscain, en effet, le « Jongleur
de Dieu » occupe la première place, la place
du soleil ; autour de lui gravitent, comme des
étoiles de première grandeur, les poètes franciscains, ses fils et ses frères.

Saint François avait écrit ses poésies parfois
en latin, et parfois en langue vulgaire italienne.
Parmi ses fils, les uns rimèrent en latin, comme

Thomas de Celano et saint Bonaventure, les autres en langue vulgaire italienne, comme Frère Pacifique de Lisciano, et Frère Jacques de Vérone.

D'autres écrivirent dans les deux langues, tels le moine Jacques de Todi, surnommé Jacopone, et le Dante qui appartint au troisième Ordre franciscain.

La poésie séraphique de la première période s'épanouit encore dans les Fioretti, ouvrage écrit en prose poétique, dont l'auteur est resté inconnu. Nous lui rendrons hommage comme à un des fils les plus chers au cœur du Père des Mineurs, car il enrichit grandement sa gloire, ainsi que le trésor naissant de la langue et de la poésie italiennes.

Tous ces poètes rendirent un service éminent à la littérature de leur pays, et c'est grâce à leurs efforts réunis que sortit presque fixée la langue nationale.

Trois siècles plus tard, deux tertiaires de saint François, l'italien Torquato Tasso, et l'espagnol Lope de Vega, procédèrent encore du sillon large, tracé au treizième siècle par le Séraphin d'Assise, et furent parmi les plus fiers rejetons de ce bel arbre qu'est l'Ecole poétique franciscaine.

Enfin, nous avons voulu aussi chercher quelle a été, en France, l'influence poétique du saint d'Assise. Nous avons trouvé peu d'œuvres et peu de poètes proprement dits franciscains.. Pourquoi cette pénurie ? Sans en chercher toutes les causes, nous avons pensé que les œuvres poétiques franciscaines ont été écrites en France par des religieux trop humbles pour les publier et les répandre dans le grand public, et nous avons accusé seulement notre ignorance.

Nous allons parler d'abord des premiers compagnons et disciples de saint François, tous italiens.

THOMAS DE CELANO

Frère Thomas de Celano fut le contemporain de saint François. Né vers 1200, il entra dans l'Ordre des Frères Mineurs, entre 1213 et 1216 ; il a donc vécu une dizaine d'années sous la direction du Séraphique Père. Savant latiniste, poète de talent, il fut chargé par le pape Grégoire IX d'écrire la vie du Saint Fondateur de l'Ordre. Il écrivit d'abord la *Vita Prima*, en latin, et la compléta plus tard avec les documents de la *Légende des Trois Compagnons*, dans la *Vita Secunda*. Thomas de Celano a donc été le premier historien de saint François, et c'est de ses œuvres que se sont inspirés la plupart des autres historiens. Il a écrit en outre un *Traité des miracles* du saint.

Tout en se sanctifiant dans l'Ordre des Frères

Mineurs, puisqu'il a été déclaré « bienheureux » par l'Eglise, Thomas de Celano n'a pas laissé d'être un grand poète. Il a composé un bon nombre de morceaux de poésie lyrique religieuse : hymnes sacrés, cantiques, proses, séquences, etc ; et il a semé largement la poésie à travers ses deux Vies de saint François.

On affirme qu'il est l'auteur de l'hymne *Dies irae,* un des plus beaux qui existent, et que la liturgie catholique a adopté pour l'Office des morts. Cette belle prose lyrique, écrite en tercets, suffirait à elle seule à illustrer le nom de Thomas de Celano, et à le sauver de l'oubli.

SAINT BONAVENTURE

Frère Bonaventure de Bagnorea (Jean de Fidenza) naquit en 1221, cinq ans seulement avant la mort de saint François. Dans sa petite enfance, affligé d'une infirmité, il fut guéri miraculeusement par le saint d'Assise. Il entra plus tard dans l'Ordre franciscain, et s'y distingua si bien, qu'il devint, non seulement un grand saint, mais encore une des lumières de l'Eglise, qui l'appelle le « Docteur Séraphique ». Surnommé le Platon du moyen âge, pour la ressemblance de ses qualités d'esprit avec celles du philosophe grec, il fut un des plus célèbres philosophes scolastiques, et obtint une chaire de théologie à Paris, en 1253. Il était à la fois savant exégète, métaphysicien subtil, éloquent prédicateur, historien et poète.. Son tempérament poétique se révèle partout dans ses œuvres, même dans les œuvres en prose, et notamment dans sa biographie de saint François, dont le langage est éminemment symbolique et fleuri. Comme le Jongleur de Dieu, il a aimé et glorifié la nature. Dans ses poésies, puisque c'est le poète seulement que nous considérons, il a été surtout inspiré par sa dévotion à la Sainte Vierge. Il chante la Vierge immaculée en des vers latins merveilleux, en particulier dans le *Rosaire de Marie : Gaude Virgo, Mater Christi !* « Réjouis-toi, ô Vierge, Mère du Christ ». C'est lui qui fut le promoteur de la récitation de l'Angelus, cette Oraison à la Vierge Marie, qu'il décréta dans son diocèse lorsqu'il fut nommé évêque d'Albano, et dans tout l'Ordre franciscain, lorsqu'il en fut élu Ministre Général en 1256, et qui « vole de clocher en clocher, pour réjouir le paysan sur le sillon et le voyageur sur la route » (1).

Frère Bonavanture a aussi composé des poèmes sur les *Sept paroles de Jésus en Croix,* une cantilène, *Philoména, Le Rossignol,* et des *Louanges à la Croix.*

(1) Ozanam, *Poètes franciscains.*

Frère Bonaventure devint cardinal de la sainte Eglise romaine, et mourut plein de gloire et de mérites, en 1274.

GUILLAUME DE LISCIANO

FRÈRE PACIFIQUE

Frère Pacifique, nommé dans le monde Guillaume de Lisciano, est aussi un contemporain et un disciple de François d'Assise. Il ne connaissait le saint que de réputation, quand, l'ayant entendu prêcher à San Severino, dans la Marche, il fut enflammé par son admirable éloquence, crut voir pendant qu'il parlait deux épées lumineuses qui le traversaient en forme de croix, et voulut s'attacher à lui. Guillaume de Lisciano était déjà célèbre ; toute l'Italie récitait et chantait ses poésies, et le connaissait sous le nom de Roi des Vers. L'Empereur Frédéric II l'avait attiré à sa cour, et, renouvelant pour lui la coutume romaine et grecque, lui avait décerné dans une joute littéraire, la couronne de laurier, qui symbolisait la royauté poétique. Troubadours et jongleurs le reconnaissaient comme le plus grand, le Maître.

Mais François d'Assise lui parut préférable à toutes les gloires, et pour être son fils, il quitta la cour et les pompes mondaines, et demanda l'habit de Pénitent. François lui donna le nom de Frère Pacifique. En 1216, lorsque saint François voulut envoyer des Frères dans tous les pays d'Europe, pour fonder des couvents et organiser des missions, il résolut d'aller lui-même en France : « J'aime ce beau pays, disait-il, à cause de sa dévotion au Corps du Sauveur ». Mais le cardinal Hugolin le retint en Italie, et François envoya à Paris le Frère Pacifique, en qualité de Ministre provincial. La renommée de la capitale de la France était grande, on l'appelait déjà la Ville-Lumière. Son université était célèbre et voyait les chaires de ses professeurs assiégées par des étudiants de tous les pays. Saint François ne crut mieux faire pour montrer son attachement et son estime à la France, et pour y fonder le premier couvent de sa règle, que d'envoyer à Paris l'homme dont la royauté intellectuelle était partout reconnue et établie. La reine Blanche de Castille l'accueillit avec bienveillance, l'aida de tout son pouvoir, et le donna comme maître à celui qui devait être saint Louis, roi de France.

Vers 1229, Pacifique mourut à Lens, dans un couvent qu'il avait fondé et où reposent ses restes.

Après sa conversion, Frère Pacifique rima surtout les visions qu'il eut de saint François, des proses et des séquences religieuses. Il arrangea nombre d'hymnes, de cantiques et de laudes, qui devaient être récités et chantés par les frères, et qui étaient l'œuvre du Poète d'Assise. Le Cantique des Créatures, entr'autres, fut mis par lui sur le rythme que nous lui connaissons.

Nous n'avons pas à parler des œuvres très nombreuses et très belles qu'il composa avant d'être franciscain.

Les poètes franciscains suivants : Jacopone, Jacques de Vérone, Le Dante et Lope de Vega ne furent ni compagnons, ni contemporains de saint François ; ils illustrèrent l'Ordre au quatorzième, au quinzième et au seizième siècles.

JACOPONE

Frère Jacques de Todi, appelé par dérision Jacopone, naquit à Todi, dans l'Ombrie, à la fin du treizième siècle, de l'illustre famille des Benedetti. Il étudia le droit à l'université de Bologne, une des plus célèbres du treizième siècle, y conquit tous ses grades, et devint un des plus grands jurisconsultes de son temps. Très mondain, très ambitieux, il épousa une femme belle et vertueuse, qu'il perdit peu après dans une catastrophe. Elle tomba d'une estrade dressée pour une fête, et mourut quelques instants après. Jacques prit le corps de sa femme dans ses bras et, en voulant la panser, il s'aperçut qu'elle portait un cilice. Fou de douleur, il comprit que sa compagne était une sainte, et qu'il n'était pas digne de la posséder. Par amour et par respect pour elle, il vendit tous ses biens, en donna le prix aux pauvres et entra comme tertiaire dans l'ordre franciscain.

Pendant dix ans, il se fit remarquer par toutes sortes d'extravagances et d'excentricités, au point qu'on le crut fou, et quand il manifesta le désir d'entrer dans le premier Ordre, les supérieurs refusèrent de l'admettre, en raison de son état mental. Pour répondre à ce dédain, il composa deux poèmes, l'un en latin sur le mépris du monde : *Cor mundum militat sub vanâ gloriâ*, et l'autre en italien : *A l'honneur du Christ et de la Sainte Vierge ;* tous deux dénotant un esprit sain, une belle intelligence, et l'éducation d'un fin lettré. On le reçut alors en qualité de frère lai.

Jacques de Todi fut un religieux austère, d'une piété ardente, allant parfois jusqu'au mysticisme et à l'extase, mais ce fut un esprit exalté, et un caractère difficile et indomptable.

Comme poète, Jacopone a été d'une fécondité extraordinaire ; il composa plus de douze cents morceaux, poésies spirituelles et mystiques, poèmes théologiques, satires, petites pièces lyriques en l'honneur des principales fêtes religieuses, la Nativité, la Passion, la Résurrection, la Pentecôte, l'Assomption, la fête de saint François, celle de sainte Claire, et d'autres encore.

Parmi ces œuvres, citons particulièrement une épopée de quatre cent quarante vers : *Réparation de la nature humaine*, où parlent tour à tour Dieu le Père, Dieu le Fils, les Sept dons du Saint-Esprit, les Sept Béatitudes, la Justice, la Miséricorde, les Sept sacrements, les Sept vertus, etc. ; un poème lyrique : *Le Christ en quête de l'âme errante*, dans lequel les Anges demandent au Christ quel voyage il entreprend ; il répond qu'il cherche une âme, une épouse, les Anges la trouvent et la lui présentent ; un poème satyrique, *Combat de l'Antéchrist*, puis un drame, la *Compassion de la Sainte Vierge* : « Dame du paradis, ils ont pris ton fils, accours, et vois ! » Une de ses plus belles poésies lyriques est celle où il chante la Pauvreté : « Pauvreté, ma pauvrette, il te suffit d'une écuelle pour boire et pour manger ».

Celle de ses œuvres qui, à elle seule, lui vaudra l'immortalité est la Prose que la liturgie catholique a adopté pour l'office du Vendredi saint : *Stabat Mater Dolorosa*, ou Stabat de la Croix, poésie sublime, qui nous peint l'inénarrable douleur de la Mère de Dieu au pied de la Croix.

Il a composé aussi le Stabat de la Crèche : *Stabat Mater Gaudiosa*, pièce monorime du même rythme que l'autre, et dans laquelle il célèbre les joies de la Vierge dans l'étable de Bethléem.

Ajoutons à cette liste les deux poèmes *In foco amor mi mise* et *Amor di Caritate*, qui sont presque sûrement de lui.

Jacopone a écrit aussi des satires sur les vices de son époque, et n'a pas craint de s'attaquer, dans des pièces violentes et irrespectueuses, à la Cour de Rome, et de critiquer la vie du pape et des cardinaux. Il s'attira les foudres du pape Boniface VIII, qui l'excommunia et le fit mettre en prison. Un jour, Boniface, passant près de la prison où il était, lui demanda : « Quand sortiras-tu de ta prison, Jacopone ? — Quand tu y entreras, dit le moine. » Et en effet, Boniface VIII fut emprisonné peu après par Guillaume de Nogaret, sur l'ordre de Philippe le Bel.

Jacopone mourut dans la nuit de Noël de l'année 1306, dans les bras de son ami Jean de l'Alverne, miraculeusement appelé près de lui. Les frères mirent cette inscription sur son tombeau, elle résume sa vie : « Ici reposent les ossements du vénérable Jacopone Benedetti, qui, insensé pour Jésus-Christ, par un artifice nouveau, trompa le monde et ravit le ciel ».

Jacopone écrivit beaucoup de ses œuvres en vers libres, sans mesure ni rime, en prose rythmée, analogue à celle que nous voyons dans le Mystère des Saints Innocents et dans le Mystère de Jeanne d'Arc, de Charles Péguy.

Sa poésie est merveilleuse, il a une inspiration puissante et riche, mais grandement verbeuse. Il semble affecter un style négligé ; la manière qui lui est propre est rustique, plébéienne, ardente, sans frein ; il emploie les expressions les plus vulgaires des provinces italiennes, et en cela il manque de mesure et de délicatesse. « Il a le génie, il n'a pas le goût », dit de lui Ozanam.

Il ouvrit la voie à Dante, et on dit que Dante le connut, l'aima, et, qu'envoyé par sa patrie en ambassade auprès de Philippe le Bel, il lui récita des vers de ce religieux, qui tenait en échec la politique de Boniface.

En 1819, Mortara publia à Lucques les poésies inédites de Jacopone.

Le Dictionnaire de la Crusca le place parmi les poètes classiques de l'Italie.

JACQUES DE VÉRONE

Frère Giacomino de Vérone est un poète franciscain de la fin du treizième siècle. Il naquit à Vérone, dans le nord de l'Italie, et précéda Dante dans la description de la vie future. Il composa un poème où il a voulu, dit-il, « rimer deux histoires, l'une de l'Enfer, l'autre du Paradis ».

Ce sujet n'était pas une nouveauté, car l'humanité de tous les temps s'est préoccupée de la vie future, et cette question : « Que se passe-t-il après la mort ? » a toujours été pour l'homme qui réfléchit, la question capitale. Toutes les œuvres littéraires païennes de l'Orient et de l'Occident, les Védas de l'Inde, l'Illiade d'Homère, la République de Platon, le Traité des délais de la justice de Plutarque, l'Enéide de Virgile, les Métamorphoses d'Ovide, le Songe de Scipion, de Cicéron, toutes les mythologies germaines et scandinaves, tous les monuments, toutes les coutumes des anciens peuples disparus : Egyptiens, Mèdes, Perses, Assyriens, Babyloniens, Phéniciens, Aztèques, Parsis, Indiens de toutes castes, Grecs, Romains, etc., témoignent de cette croyance à l'immortalité de l'âme et au Jugement dernier.

Mais seuls, dans le monde ancien, les Juifs avaient sur l'au-delà un dogme formel, que Notre-Seigneur a développé et précisé en ces termes : « Tous ceux qui sont dans le tombeau entendront la voix du Fils de Dieu ; ceux qui auront fait le bien ressusciteront pour la vie éternelle, mais ceux qui auront fait le mal ressusciteront pour êtres condamnés » (1).

Les chrétiens, fils du Christ, professent donc le dogme de la Résurrection, du Jugement et de la Vie éternelle, ainsi qu'en témoignent le

____

(1) Saint JEAN, *Evangile*, chap. V.

Credo et tous les écrits des Apôtres, des Docteurs et des Saints.

L'idée du Paradis et de l'Enfer n'était donc pas une idée neuve, puisqu'elle n'avait pas cessé d'être d'actualité depuis la création de l'homme.

Les fils de saint François et les fils de saint Dominique avaient, par leurs enseignements, remis ces vérités, un peu oubliées au treizième siècle, à l'ordre du jour, et Jacques de Vérone n'eut qu'à puiser dans leurs récits pour composer un poème dont le sujet ne surprit personne, puisqu'il est éternel. Il emprunta non seulement aux idées et aux préoccupations de son temps, mais encore aux écrits des saints, aux textes sacrés, pour les détails de son œuvre, qui eut tout l'attrait d'une œuvre populaire, étant écrite en vieux dialecte de l'Italie du Nord, et accessible à tous.

Citons quelques passages de cette œuvre si originale, de *l'Enfer* d'abord :

. . . .

« Babylone la grande est bâtie dans les profondeurs de l'abîme. Elle est tout embrasée, au point que si l'on y jetait tout ce que la mer roule de flots, ils se consumeraient comme cire fondue.....

« Typhon, Satan et Mahomet veillent à la porte, et une sentinelle crie sans cesse, car elle ne dort jamais : « Tenez la porte close,

que nul de vos gens n'échappe, mais si quel-
qu'un vient à vous, baissez le pont et ouvrez
la porte....

« Lucifer, le roi de cette ville des douleurs,
a le front cornu, les mains velues, plus noir que
charbons, et les démons qui le servent, hurlent
comme loups, aboient comme chiens, armés, qui
de lances, qui de fourches, qui de bâtons et
tisons brûlants, respirent la flamme et attisent
la braise.....

« Là, fourmillent serpents, vipères, basilics
et dragons..... Là, un cuisinier qui a nom Belzé-
buth, met le coupable rôtir comme un porc
à un grand épieu de fer, l'arrose de fiel et de
vinaigre, et en fait un fin régal qu'il envoie au
roi des enfers. Celui-ci y mord, et tout en
colère, crie au messager : « Va, dis à ce méchant
cuisinier que le morceau est mal cuit ; qu'on
le remette au feu et qu'on l'y laisse.

« Souvent, dans les enfers, le fils rencontre
son père et ils se querellent, car tous deux
s'accusent mutuellement de leur damnation. Le
fils reproche au père de l'avoir encouragé au
mal au lieu de le châtier, et le père reproche au
fils d'avoir, pour lui vouloir trop de bien, abandonné Dieu et vécu de rapines et d'usures.
Ils se précipitent l'un sur l'autre, et, s'ils pouvaient en venir aux dents, ils se mangeraient
le cœur dans la poitrine » (1).

(1) Traduction d'Ozanam.

Le Paradis est un poème moins long. Il est très curieux de voir que les poètes ont toujours plus de peine à exprimer les joies du ciel que les peines de l'enfer. C'est qu'ils manquent de terme de comparaison. Sur la terre, il y a de grandes douleurs, des afflictions profondes, des tortures corporelles effrayantes, peu de vraies joies et pas de bonheur réel. Il eût donc fallu des révélations pour soulever le voile du Paradis :

L'œil n'a point vu, l'oreille n'a point entendu, le cœur n'a pas conçu les merveilles que Dieu réserve à ceux qui L'aiment », dit le prophète Isaïe (1) et les poètes en ont été réduits à chercher des peintures du Paradis dans leur imagination et dans leur cœur.

« La Jérusalem céleste, où le Christ est roi, dit Jacques de Vérone, est carrée et murée de toutes parts. On y entre par trois belles portes, plus brillantes qu'étoiles, aux voûtes ornées d'or et de perles, et au-dessus, en sentinelle, se tient un séraphin, le front ceint d'une couronne d'hyacinthe, la main armée d'une épée de feu. Au milieu, court un beau fleuve entouré d'arbres et de fleurs, qui exhalent un doux parfum. Claires sont ses eaux, plus brillantes que le soleil, elles mènent avec elles pierreries étincelantes dont la vertu ressuscite les morts, et rend la jeunesse aux vieillards. Les fruits y sont plus

(1) Rapporté par saint PAUL, *Ire aux Corinthiens,* chap. II, v. 9.

doux que le miel. Chardonnerets, rossignols et autres beaux oiseaux y chantent nuit et jour des airs plus mélodieux que violes, rotes et chalumeaux.....

« ..... Là s'ébattent les bienheureux chevaliers, les patriarches, les prophètes, les apôtres, les martyrs ,les confesseurs, tous vêtus de riches étoffes, et les vierges très saintes, troupe charmante portant la bannière de l'honneur et de la beauté, chantent une chanson dont le charme est si puissant que celui qui l'entend ne peut plus mourir. Cette gent bienheureuse fait un bruit si joyeux que le ciel, l'air et tout le pays semblent pleins d'instruments et de voix, auprès desquels luth, vielle, orgue et symphonie, sirène ou fée des eaux ne sont rien. Car c'est le Roi divin assis sur le trône qui leur a montré à solfier ce chant.

« Mais la souveraine joie est de contempler la face de ce doux Seigneur..... » (1).

Puis viennent les louanges de la Vierge Marie, « si haute et si belle que les Anges et les Saints en discourent sans cesse. Et cette noble Vierge donne à ses chevaliers destriers fauves et palefrois blancs, qui courent plus que les cerfs, et qui ont étriers, selles, arçons et freins d'or et d'émeraudes. Elle leur donne aussi un gonfalon blanc, où elle est représentée victorieuse de Satan » (2).

(1) OZANAM, *Sources de la Divine Comédie.*
(2) IDEM, *ibidem.*

On le voit par cette double citation, le Paradis et l'Enfer de Jacques de Vérone sont des œuvres d'inspiration religieuse, mais d'une religion simple et populaire, presque enfantine. Pour les détails et les descriptions, le poète ne s'élève pas au-dessus des conceptions ambiantes ; son Paradis et son Enfer sont de belles et puissantes demeures féodales, où l'on baisse le pont-levis pour entrer, où des sentinelles armées gardent la porte, où les chevaliers ont des palefrois, des destriers et un gonfalon ; la société qui les habite est encore bien pénétrée de servage, puisque les élus et les damnés sont appelés « nos gens ».

La couleur locale du pays et de l'époque étant respectée, cet au-delà est conforme aux mœurs guerrières du treizième siècle. Remarquons aussi que le portrait des démons et leurs occupations terribles ou bouffonnes sont bien dans le goût du peuple, et devaient soulever la gaîté plus peut-être que l'effroi. Nous les retrouvons dans les sculptures qui ornent nos cathédrales et dans les peintures à fresques du moyen âge et de la Renaissance. Celles de la coupole du baptistère de Florence ont été inspirées sûrement par les poèmes de Jacques de Vérone et du Dante.

Quant aux animaux qui rampent dans l'Enfer de ces poètes, serpents, vipères, basilics et dragons, ils sont une évocation et une amplification de la scène de la Genèse, où, dans le Paradis terrestre, Lucifer tenta Eve sous la figure du serpent. Ce sont des bêtes symboliques et non réelles, et sous leur apparence bestiale se cachent de véritables démons.

Les poèmes de Jacques de Vérone sont écrits en quatrains monorimes, comme les Stabat de Jacopone, ou comme les tercets si originaux de la Tapisserie de sainte Geneviève de Charles Péguy.

L'Enfer compte trois cent quarante vers, et le Paradis deux cent quatre-vingts. Ils sont écrits en dialecte véronais, et conservés à la bibliothèque Saint-Marc, à Venise.

Giacomino de Vérone est donc le prédécesseur immédiat de Dante, qui, en s'inspirant du même sujet, l'a élargi et complété par le Purgatoire.

LE DANTE

Le Dante appartint au troisième Ordre franciscain. Cet illustre fils de saint François est un des plus grands poètes de tous les siècles, et l'Ecole franciscaine se glorifie de le compter parmi ses membres.

Il est né à Florence en 1265, d'une des plus nobles familles de la ville, la famille des Aligheri, et comme il fut une des plus grandes figures du moyen âge, et qu'il augmenta le patrimoine de gloire de sa cité, la ville de Florence reconnaissante lui érigea une statue en bronze, sur la place de l'église *Santa-Croce*.

Vêtu de la bure franciscaine et coiffé du capuce, c'est ainsi que nous apparaît le Dante, avec son profil d'aigle, et sa figure émaciée et douloureuse. Ses traits reflètent une vie profondément troublée et emplie de chagrins et d'amertumes. Dans sa jeunesse, énamouré d'une jeune fille idéalement belle et pure, Béatrix Portinari, il la vit mourir prématurément, et en ressentit une douleur qui ne s'effaça jamais. Il immortalisa dans ses poèmes le nom de sa bien-aimée, comme le fit Pétrarque pour Laure, et Lamartine pour Elvire.

A cette époque, les querelles des Guelfes et des Gibelins déchiraient l'Italie. D'une vieille famille gibeline, Dante soutint son parti qui fut vaincu ; lui-même fut banni et tous ses biens confisqués. Victime des proscriptions du parti guelfe, il vécut désormais de ville en ville, portant partout avec lui ses rancunes, ses tristesses, et les compensations glorieuses que lui ménagea partout son austère et fier génie. Le Dante immortalisa son nom et son pays par son poème épique, *La Divine Comédie*, divisé en trois parties, *l'Enfer*, le *Purgatoire* et le *Paradis*, et qui ne fut publié en entier que l'année de sa mort.

La composition de cette œuvre immense, dont

les premiers chants sont écrits en latin et les autres en italien, n'a pas duré moins de vingt-cinq à trente ans. Elle passe par tous les degrés de perfection de la langue, depuis le moment où l'italien se dégage du latin populaire, jusqu'au moment où il se fixe comme langue littéraire. La Divine Comédie est donc un monument de première importance au point de vue classique.

A un second point de vue, celui de l'histoire morale et sociale de son temps, la Divine Comédie n'est pas moins précieuse. Le Dante fait figurer dans son poème tous les hommes célèbres, à quelque titre que ce soit, aussi bien les amants et les scélérats que les saints ; et il présente un résumé des mœurs, des idées, des passions et des souvenirs historiques de l'époque.

On pense bien que le vieux gibelin se sert du Ciel, de l'Enfer et du Purgatoire pour venger les siens et réformer les mœurs. Il met ses ennemis en Enfer, dont il trace quelques tableaux immortels, par exemple la scène effrayante d'Ugolin, occupé à ronger éternellement le crâne de ses fils, ou la vision douloureuse des amants coupables, Paolo Malatesta et Françoise Rimini, attachés l'un à l'autre, et condamnés à errer éternellement sans se voir jamais.

Virgile lui fait visiter le Purgatoire et l'Enfer, mais c'est Béatrix qui le conduit en Paradis, et il fait de sa rencontre avec la bien-aimée, devenue une sainte, une scène poétique et charmante. Si le Dante a fait dans la Divine Comédie l'histoire de son époque tourmentée, il n'en a pas fait une histoire impartiale, car l'auteur était mêlé trop activement à la lutte des partis, et il faut voir en lui le poète et non l'historien. Il s'est servi des croyances de ses contemporains, de l'Enfer dont ils avaient peur, du Paradis qu'ils attendaient, pour frapper ses ennemis et servir ses vengeances.

Le Dante consacra le chant XI du Paradis à l'éloge de son Père saint François, et de saint Dominique, et il appelle les deux saints, « deux princes », que Dieu donna à l'Eglise pour lui servir de guides, l'un « un vrai Séraphin » par son ardent amour, l'autre « un Chérubin » par sa science.

Nous ne pouvons nous tenir de citer en quels termes le grand poète décrit l'Ombrie, le mariage de saint François avec Dame Pauvreté, l'empressement des premiers disciples du patriarche, l'impression des Stigmates, et la mort du Séraphique Père.

. . . .

«..... Entre le Tupino et la rivière qui s'écoule de la colline choisie par le bienheureux Ubaldo, descend d'une haute montagne une côte fertile.

« Au point où cette côte adoucit sa pente, naquit au monde un soleil comme celui-ci sort du Gange.

« Et que ceux qui veulent parler de ce lieu ne l'appellent point Assise, car ce nom ne dirait pas assez, mais il faudrait l'appeler Orient.

« Il n'était pas encore très loin de son lever, lorsqu'il commença à faire sentir à la terre quelque confort de sa grande vertu.

« Car, tout jeune, il entra en lutte avec son père pour l'amour de cette femme à laquelle, comme à la mort, nul n'ouvre sa porte avec plaisir.

« Et devant la cour spirituelle, et *coram patre,* il s'unit à elle, et puis de jour en jour, il l'aima plus vivement.

« Elle, veuve de son premier mari pendant mille et cent ans et plus, délaissée et obscure, avait attendu jusqu'à celui-ci sans qu'on lui fît d'avances.

. . . .

« Leur concorde et leurs joyeux visages, leur amour, leur admiration et leurs doux regards étaient la cause de saintes pensées.

« Aussi le vénérable Bernard se déchausse le premier, pour courir après tant de paix, et, même en courant, il lui sembla qu'il n'allait pas assez vite.

« O richesse ignorée, ô bien véritable !
Ægidius et Sylvestre se déchaussent pour suivre l'époux, tant l'épouse leur plaît.

« Puis ce père et ce maître s'en va avec elle et avec cette famille que ceignait déjà l'humble cordon.

. . . .

« Dans un âpre rocher, entre le Tibre et l'Arno, il reçut du Christ les derniers stigmates que ses membres portèrent deux années.

« Quand il plut à celui qui l'avait choisi pour un si grand bien de l'appeler à la récompense dont il s'était rendu digne en se faisant petit,

« Il recommanda à ses frères, comme à des héritiers légitimes, la femme qu'il avait tant aimée, et leur ordonna de lui garder leur foi.

« Et sa belle âme voulut s'en détacher pour aller dans son royaume, et elle ne demanda pas d'autre bière pour son corps » (1).

Dans le Chant III, le Dante a de beaux vers à la louange de sainte Claire : « Une vie parfaite, un mérite éminent, placent plus haut que nous dans le ciel une femme, selon la règle

_____

(1) Le Dante, *Divine Comédie, Paradis,* chant xie.

de laquelle on s'habille et l'on se voile dans
votre monde », dit une des Vierges du Paradis
à Dante qui le visite.

Outre la Divine Comédie, Le Dante a composé la *Vita nuova,* ou la Vie nouvelle, dont
Béatrix est l'âme, puis des sonnets, des canzones, des églogues, des paraphrases du *Pater,*
du Symbole des Apôtres et des Psaumes de la
pénitence.

Le grand poète florentin mourut en exil, à
Ravenne, en 1321. Il n'avait pas voulu, dans
son orgueil blessé, bénéficier d'une amnistie
que la ville de Florence lui eût accordée avec
joie, en considération de sa gloire.

LES FIORETTI

L'auteur des *Fioretti,* ou « Petites Fleurs »,
serait, d'après Ozanam, Jean de Saint-Laurent,
évêque de Bisignano, de la famille florentine
de Marignolles, et qui aurait appartenu à l'ordre de saint François sous le nom de Frère Jean
Marignolli. Le bon religieux aurait écrit les
Petites Fleurs vers 1330 ou 1335. Ce ne sont
là que des conjectures, et, au vrai, on ne connaît
pas plus sûrement l'auteur des Fioretti qu'on
ne connaît l'auteur de l'Imitation. Tout ce dont
on est certain, c'est que les deux livres ont
été composés par des moines à peu près con-

temporains, et que leurs œuvres sont impéris--
sables. L'auteur de l'Imitation a invité les hom--
mes à imiter Jésus, le premier Christ ; l'auteur
des Fioretti les convie à admirer les vertus
de François d'Assise, le second Christ, si semblable au premier dans son corps et dans sa
volonté humaine.

Qu'est-ce donc que les Fioretti ou Petites
Fleurs ?

C'est un recueil des traits les plus touchants,
les plus pieux, les plus édifiants, glanés dans
la vie de saint François et de ses premiers
compagnons, et que l'auteur raconte simple--
ment, naïvement, comme il les a entendu rac--
conter par les Frères Mineurs. Il ne se pique
d'aucun ordre chronologique, et ne prétend pas
faire œuvre d'historien. Ce sont plutôt des
légendes que des faits authentiques qu'il nous
présente, et il prend soin de nous en avertir en
tête de son chapitre premier : « Au nom de Notre
Seigneur Jésus-Christ crucifié et de sa Mère, la
Vierge Marie. Ce livre contient, comme autant
de petites fleurs, les miracles et les pieux exemples du glorieux petit pauvre du Christ, saint
François, et de quelques-uns de ses compagnons.
A la louange de Jésus-Christ. Amen. »

Comment faire entrer ce petit livre de prose
dans une étude d'œuvres poétiques ? Bien natu-
rellement, car les chapitres des Petites Fleurs
sont comme une suite de tableautins, illustrant la

vie du Séraphin d'Assise, pleins de fraîcheur, de naïveté et de poésie. Ils nous font penser aux compositions du moine Jean de Fiesole, surnommé Fra Angelico, parce qu'il a peint des anges et non des hommes, tant le coloris de ses figures est suaves, tant leurs traits sont d'une céleste pureté, d'une poésie idéale.

Madame de Sévigné eût dit des Fioretti ce qu'elle disait des fables de La Fontaine : « Cela est peint ! »

Rien de joli, de frais, de jeune, de naïf, comme les scènes où l'auteur des Fioretti raconte, par exemple :

Chap. XVI : « Comment saint François prêcha les oiseaux, et comment les hirondelles se turent à sa voix ».

Chap. XXI : « Du très saint miracle qu'opéra saint François en convertissant un loup féroce qui ravageait les environs de Gubbio ».

Chap. XXII : « Comment saint François apprivoisa des tourterelles ».

Chap. XL : « Du miracle que Dieu fit par le moyen de saint Antoine, lorsque, pendant son séjour à Rimini, il prêcha les poissons de la mer ».

Chap. XLVII « Du saint frère à qui la Mère du Christ apparut, quand il était malade, lui apportant trois boîtes d'électuaires ».

Deuxième partie, chap. III : « Comment le démon fit condamner Frère Junipère aux fourches patibulaires ».

Idem, chap. IX : « Comment Frère Junipère se mit à jouer de la balançoire pour s'humilier ».

Les légendes relatives à la vie de saint François et de ses premiers compagnons sont suivies, dans la traduction de l'Abbé Riche, d'un supplément tiré du manuscrit de Florence, de considérations sur les sacrés et saints stigmates de saint François, de la vie de Frère Junipère, de celle du bienheureux Frère Egide, et d'un résumé de la doctrine et des paroles remarquables de Frère Egide.

Les Fioretti ont été traduites de l'italien pour la première fois par l'Abbé Riche, prêtre séculier du Tiers Ordre de saint François. Dans son introduction, il nous apprend que c'est dans le travail de la difficile traduction des vieux manuscrits italiens, qu'il allait chercher ses délassements, et que ce repos lui était délicieux : « Oui, dit-il, nous nous rappellerons longtemps encore ces jours, où nous nous retirions dans un bois solitaire, pour y traduire les merveilleuses prédications de François à ses petits frères et à ses petites sœurs les oiseaux. Environné nous-même d'une nature qui se présentait avec tous ses charmes, nous n'avions pas de peine à nous identifier avec ses sentiments, et jamais poésie ne nous avait paru plus suave. »

Ozanam a également traduit les Petites Fleurs, mais il ne fit pas paraître sa traduction, par déférence pour l'abbé Riche. Il se contenta plus tard de donner, dans ses Poètes franciscains, un choix de trente-trois chapitres pris dans la première partie.

Les Fioretti ont largement inspiré les peintres, surtout les italiens et les flamands. En France, quelques rares artistes ont représenté saint François prêchant aux petits oiseaux.

Le livre des Fioretti est regardé en Italie comme classique, et des morceaux en ont été détachés pour les anthologies destinées aux écoliers et aux étudiants, comme des modèles de simplicité, de grâce, d'harmonie, de naïveté et de poésie.

Avec les Fioretti, nous sommes au quatorzième siècle. Deux cents ans plus tard, nous trouverons les deux illustres fils de saint François, Torquato Tasso, et Lope de Vega, que nous considérons comme appartenant à l'Ecole de poésie Séraphique.

LE TASSE

Torquato Tasso, dit Le Tasse, naquit à Sorente, en 1544, d'une antique et noble famille. Son père était secrétaire du Prince de Salerne et poète lui-même. Il fit élever son fils par les Jésuites de Naples, puis lui fit plus tard étudier le droit et la théologie à l'université de Padoue.

De bonne heure, le jeune homme manifesta du goût pour la poésie, et, à dix-sept ans, il écrivit sa première œuvre, *Renaud,* poème chevaleresque en douze chants, inspiré de l'Arioste. Appelé par sa jeune réputation et ses attaches de famille près des princes de l'Italie, il répondit à l'appel du duc de Ferrare, Alphonse II d'Este, dont la cour était lettrée, brillante et voluptueuse. Les deux sœurs du duc y régnaient par leur grâce, leur esprit et leur beauté. L'une d'elles, la belle Léonore, pieuse et plus effacée que sa sœur Lucrèce, inspira une grande passion au jeune poète. Cet amour resta pur, et Le Tasse l'immortalisa dans ses poèmes, et notamment dans un drame pastoral, *l'Aminta,* plein d'idéal, de grâce et d'élégance.

En 1575, après douze ans de travail, Le Tasse publia son grand poème, *la Jérusalem délivrée,* qui fut tout d'abord attaquée, critiquée et froidement accueillie. Profondément attristé et déçu, en butte aux jalousies et aux haines de la cour, sa raison s'égara et il quitta Ferrare, en 1577, pour fuir les persécutions du Prince et de ses favoris. Comme le Dante, il erra de ville en ville, et se retira quelque temps chez Lucrèce d'Este, duchesse d'Urbino, belle, plus brillante et plus spirituelle que sa sœur Léonore.

En 1579, Le Tasse voulut revenir à Ferrare. Honoré par toute l'Italie, même par les brigands de la Calabre, qui lui envoyaient des sauf-conduits lorsqu'il devait passer sur les théâtres de leurs exploits ; mais en même temps usé par le travail, miné par le chagrin et le découragement que lui suscitaient les sourdes menées de ses envieux, et victime de l'ingratitude des princes et des hommes, le grand poète fut, dit une tradition contestée, enfermé par le duc dans un hospice de fous, d'où il ne sortit qu'en 1586 sur la prière du Pape et de plusieurs princes.

Le cardinal Ciuthio, devenu pape sous le nom de Clément VIII, avait imaginé, pour ranimer son courage et sa foi en lui-même, de lui décerner les honneurs du triomphe, comme les anciens romains et les anciens grecs le faisaient pour les vainqueurs, comme la cour de Rome l'avait fait pour Guillaume de Lisciano et pour Pétrarque. Rome tout entière s'apprêtait à fêter le chantre des croisades, et à le suivre au Capitole, où le pape devait le proclamer solennellement Roi des vers, et ceindre son front de la couronne de laurier, lorsque Le Tasse mourut avant que les préparatifs de la cérémonie fussent terminés, en 1595, dans la ville des Césars. La couronne poétique qui lui était destinée fut déposée sur son cercueil, et on lui fit de magnifiques funérailles.

On montre, à Rome, et nous l'avons vu, un vieil arbre tout pelé, tout noirci par le temps, sur un des chemins qui descendent du Janicule.

On l'appelle « l'arbre du Tasse », et on assure que le grand poète aimait à se reposer sous son ombrage, en contemplant, pour oublier ses malheurs, les horizons divins de la Ville éternelle.

La Jérusalem délivrée est un poème épique de vingt chants, qui place son auteur à côté d'Homère, de Virgile et de Milton. Il a été traduit dans toutes les langues. Le sujet était digne de tenter la Muse du plus grand maître : la première Croisade et la conquête de Jérusalem, sujet populaire par toute l'Europe, et qui touchait au cœur toute la chrétienté. Les sentiments très élevés, les caractères pleins de noblesse et de dignité, le style grave et majestueux en font l'épopée la plus belle des temps modernes. Mais à côté de parties d'une inspiration profondément religieuse et vraie, Le Tasse crut bien faire de placer des parties profanes, les amours de Renaud et d'Armide, avec les descriptions des fameux jardins où la magicienne retient le brave croisé ; des parties allégoriques, où les facultés de l'âme sont représentées par des paladins et les tentations par des enchanteurs.

Chrétien par le sujet, le poème du Tasse subit donc l'influence de la Renaissance, en empruntant le moule de l'épopée antique et païenne.

Ainsi, trois siècles et demi après saint François, le soc franciscain n'avait pas encore creusé le tombeau du paganisme romain en Italie, et aujourd'hui encore, il n'est pas mort tout à fait dans la patrie du Tasse et de François d'Assise.

LOPE DE VEGA

La poésie franciscaine a fleuri en Espagne avec Lope de Vega, appartenant au Tiers-Ordre, comme le Tasse et comme Dante.

Si nous présentions dans cette étude un ensemble plus complet de la littérature, et que nous ne nous bornions pas à la seule poésie, nous dirions que dans la péninsule ibérique, Cervantès, l'immortel auteur de *Don Quichotte*, et Le Camoëns, qui a chanté dans *les Lusiades* le voyage de Vasco de Gama aux Indes, ont été aussi des fils de saint François.

Lope de Vega naquit à Madrid en 1562, d'une famille de petite noblesse, de ceux qu'on nomme des « hidalgos ». Son enfance fut triste et pauvre. Tout enfant, son imagination le tourmentait déjà, et s'enflammait aux récits des voyages autour du monde, aux descriptions des pays nouvellement découverts et colonisés, et de leurs richesses si fabuleuses, que les explorateurs en ramenaient des galions chargés d'or. Enivré par ses lectures et par tout ce qu'il entendait, et pris du désir de voyager, Lope prit la fuite de la maison paternelle, pour aller

« aux Amériques », ce pays merveilleux et plein d'or qui enfiévrait alors toutes les imaginations. L'alcade le rattrapa et le reconduisit chez son père.

Doué d'une précocité extraordinaire, à onze ans, il composait déjà des vers. L'évêque d'Avila le prit sous sa protection, le fit instruire et le garda comme secrétaire. Sa vie est extrêmement mouvementée. Il se maria, puis se mit à écrire des pièces de théâtre qui lui attirèrent des envieux. A la suite d'un duel, il fut obligé de s'exiler de Madrid, et devint secrétaire du duc d'Albe. Il perdit sa femme, et en conçut un tel chagrin qu'il prit du service sur la flotte de Philippe II, l'Invincible Armada, pour aller combattre contre les Anglais. Mais les vaisseaux espagnols furent assaillis par une violente tempête qui les détruisit en partie, et la flotte subit un désastre. Lope de Vega revint à Madrid et se remaria. Puis il écrivit des comédies pour vivre.

Sa fécondité est prodigieuse. Il a composé plus de deux mille deux cents pièces, dont dix-huit cents tragédies, comédies ou drames profanes, et quatre cents pièces religieuses, un peu analogues aux Mystères français et aux Légendes des Saints, un poème épique, *La Jérusalem conquise* et d'autres œuvres moins importantes, des satires, des nouvelles, et d'innombrables sonnets.

D'après les calculs faits, il a dû écrire chaque jour neuf cents lignes de vers ou de prose, et le total de ses ouvrages est évalué à cent trente-trois mille pages et vingt et un millions de vers.

Son théâtre amuse et intéresse par la variété des caractères, la cocasserie et le romanesque des situations, le ton de moquerie fine et satirique qui y règne, comme aussi il plaît par le style fleuri et gracieux.

Il possède toutes les nuances du génie espagnol, et sait charmer toutes les classes de son public, depuis le sombre Philippe II jusqu'au menu peuple, en passant par les dignes hidalgos, les respectables duègnes et les rieuses señoritas.

Si l'œuvre théâtrale de Lope de Vega est touffue, féconde, créatrice, par contre, l'auteur ne se soucie ni ne s'embarrasse d'aucune règle pas même de la règle du bon sens, car les fantasmagories les plus insensées y prennent place tant son imagination est intarissable. Il fut l'idole du public espagnol qui l'appelait le « phénix d'Espagne », le « prodige de la nature ». Il donnait tous les jours du nouveau, et amusait follement le peuple, disant : « Je fais des pièces pour le sot vulgaire, et, puisqu'il les paie, il est bien juste, pour lui plaire, que je lui parle le langage des sots ».

Le poète manquait donc de probité littéraire, et ne pensait pas que le théâtre, comme le livre, comme la feuille de journal, est un moyen d'éducation.

Lope de Vega perdit sa seconde femme, et, dès lors, sa vie devint aventureuse et bizarre. Il devint familier du Saint-Office, fonction honorifique qui valait quelques privilèges à ceux qui l'exerçaient.

Il devint tertiaire de saint François et finalement se fit prêtre. Sa vieillesse fut très pieuse, austère, et on dit qu'il mourut de l'excès de son ascétisme, en 1635.

Honoré dans sa mort à l'égal d'un roi, ses funérailles durèrent neuf jours, et on fit un tournoi littéraire pour célébrer ses louanges.

CHAPITRE VIII

INFLUENCE DE SAINT FRANÇOIS
SUR LA POÉSIE FRANÇAISE

En France, peu de poètes religieux et peu de poètes
franciscains. Pourquoi ? Caractères de notre tempérament national et de notre foi religieuse. Renouveau
catholique. — Conclusion de cette étude : Saint François ayant personnifié et irradié l'amour, mérite d'être
appelé le Poète de l'Amour divin.

Nous aurions voulu, pour clore notre étude
sur la formation et le développement de l'Ecole
poétique franciscaine, chercher quelle a été l'influence du Poète d'Assise sur le lyrisme français.

Après avoir parcouru à grands traits l'histoire
de notre poésie nationale, nous avons trouvé
peu de franciscains dont les œuvres soient
entrées dans l'histoire littéraire de notre
pays. Il semble que la France soit restée en
dehors de la sphère d'influence de l'Ecole de
poésie séraphique. Les causes seraient intéressantes à connaître, mais une enquête détaillée
dépasserait le cadre de notre modeste étude,
et nous indiquerons seulement celles qui nous
paraissent les plus frappantes.

Si nous considérons notre poésie nationale, non plus au seul point de vue franciscain, mais au point de vue de l'inspiration chrétienne en général, nous trouvons également peu d'œuvres lyriques inspirées uniquement par le sentiment religieux, étant donné que les cantiques et les chants d'église forment chez nous une littérature tout à fait à part.

Deux questions se posent donc à notre esprit.

Pourquoi la France a-t-elle échappé au grand mouvement poétique franciscain, alors que l'Italie et l'Espagne, ses sœurs latines, l'ont subi si glorieusement ?

Pourquoi le sentiment religieux n'a-t-il pas été chez nous une source de lyrisme aussi féconde qu'en Italie et en Espagne ?

La réponse à la première question est relativement facile. Au treizième siècle, les nations se pénétraient peu, et l'influence du Poète d'Assise n'a pas été également départie aux trois pays dans lesquels nous l'étudions. L'Espagne a reçu saint François. Il l'a parcourue presque dans tous les sens avec son compagnon Bernard de Quintavalle. Il y a prêché, recruté des fils, et fondé des couvents de religieux espagnols. Après son séjour, la péninsule a été évangélisée encore par les franciscains martyrisés au Maroc et par saint Antoine de Padoue, en sorte que l'Ecole de poésie séraphique a pu y jeter de solides fondements.

Et que dire de l'Italie, qui a vu naître et mourir François d'Assise, et qui a bénéficié pleinement de son apostolat ?

La France, elle, n'a pas été directement sanctifiée par lui ; elle n'a pas eu le bonheur de le connaître, de le voir vivre, et d'être échauffée par la flamme de son cœur. Quoi d'étonnant à ce qu'elle ait échappé à son rayonnement poétique ?

La seconde question, bien que touchant moins intimement à notre sujet, vaut qu'on s'y arrête, car elle intéresse l'avenir de notre pays.

Si nos poètes se sont moins inspirés du sentiment religieux, est-ce donc que nous aimerions moins Dieu ? Est-ce que nous goûterions moins les œuvres de sa création, qui ont été pour les Italiens et les Espagnols des sources si pures d'enthousiasme et d'amour, et les éléments d'un si beau lyrisme ?

Avant de répondre et d'expliquer, jetons un rapide regard sur notre histoire littéraire, et voyons ce que nos poètes ont tiré du sentiment religieux.

A mesure que les mœurs du moyen âge se transforment, que la féodalité s'affaiblit, que la chevalerie disparaît, la poésie entre chez nous dans une décadence très manifeste, et, après la période glorieuse de nos grandes épopées, de nos Chansons de Geste, qui ont précédé François d'Assise et ont été pour lui, nous l'avons vu, un des éléments de sa formation spirituelle, la poésie n'est plus représentée que par de petites compositions de courte haleine, sans portée religieuse, morale ou patriotique, et d'accents plutôt païens.

Quelques exemples préciseront notre pensée. A la fin du quatorzième siècle, le trouvère Charles d'Orléans, dans de jolies ballades et d'agréables rondeaux, a chanté le doux pays de France dont il était exilé, et les charmes du renouveau, mais où est la force vive et la hauteur de cette inspiration :

> Le temps a laissié son manteau
> De vent, de froydure et de pluye,
> Et s'est vestu de broderye
> De soleil luyant, cler et beau.

Païens aussi, et bien terre à terre, les accents de Villon qui, au quinzième siècle, regrette ses folies de jeunesse, non parce qu'elles ont offensé Dieu, mais parce qu'elles ne lui ont pas permis de faire fortune :

> Hé Dieu ! si j'eusse étudié
> Au temps de ma jeunesse folle,
> Et à bonnes mœurs dédié,
> J'eusse maison et couche molle !

Marot, au seizième siècle, continue la série, et ne voit pas autre chose dans la vie que les jouissances du corps ; il célèbre ainsi ce qui lui paraît être le bonheur parfait :

> Marot, voicy, si tu le veux sçavoir
> Qui faict à l'homme heureuse vie avoir :
> Successions, non biens acquis à peine,
> Feu en tout temps, maison plaisante et saine !

Ronsard, au même siècle, renchérit encore sur ce matérialisme, quand il pleure la mort d'un enfant dans ce sonnet plein de réminiscences païennes :

> . . . .
>
> Ainsi dans ta première et jeune nouveauté,
> Quand la terre et le ciel honoraient ta beauté,
> La Parque t'a tué, et cendre tu reposes !
>
> Pour obsèques reçois mes larmes et mes pleurs,
> Ce vase plein de lait, ce panier plein de fleurs,
> Afin que vif et mort ton corps ne soit que roses

Pas un mot d'espérance immortelle ! Pas un mot de Dieu ! On sent que la Renaissance et la Réforme ont passé là, et que la foi en a été gravement atteinte.

Notre glorieux dix-septième siècle va enfin marquer de magnifiques exceptions à cette sécheresse religieuse de notre poésie. La haute inspiration va reparaître en ce grand siècle classique, qui est comme un temps d'arrêt où le clair esprit français se ressaisit, se repose, et regarde en haut, vers le ciel.

« Enfin Malherbe vint », dit Boileau, et Malherbe s'est inspiré de la Bible, et, dans ses Stances, a paraphrasé les Psaumes. Louis Racine a écrit des odes sacrées, et les poèmes de la Religion et de la Grâce ; Jean Racine, son frère, a rimé des Cantiques spirituels et composé les admirables tragédies bibliques d'Athalie et d'Esther. Et au-dessus de tous, le grand Corneille a mis en vers l'Imitation de Jésus-Christ, et fait paraître son sublime Polyeucte, œuvre à part et unique, qui occupe le sommet du lyrisme chrétien français, et, on peut dire, du lyrisme religieux de tous les pays et de tous les temps.

Avec le dix-huitième siècle, le siècle de Voltaire et de l'Encyclopédie, nous rentrons en plein paganisme, en plein athéisme, en pleine libre pensée, et c'est à peine si le poète Gilbert osera écrire timidement quelques odes religieuses, mal accueillies par les auteurs tout-puissants de l'Encyclopédie, celle, par exemple, où il essaie de peindre le Jugement dernier :

> Sortez de la nuit éternelle,
> Rassemblez-vous, âmes des morts ;
> Et, reprenant vos mêmes corps,
> Paraissez devant Dieu, c'est Dieu qui vous appelle...

Les autres poètes de ce siècle semblent ignorer Dieu dans leurs œuvres, tel André Chénier, qui, formé par une mère grecque, est un génie païen, et rend grâces aux dieux de l'Olympe des richesses et des beautés de la France :

France, ô belle contrée, ô terre généreuse,
Que les dieux complaisants formaient pour être
[heureuse.

. . . .

Au dix-neuvième siècle, nous trouvons cependant des morceaux de haute poésie, non pas chrétienne, mais déiste, et l'on peut penser que les poètes qui les ont écrits sont de vagues croyants.

C'est Victor Hugo, inconsolable de la mort de sa fille, et qui s'écrie :

Je viens à vous, Seigneur, Père auquel il faut croire,
Je vous porte, apaisé,
Les morceaux de ce cœur, tout plein de votre gloire,
Que vous avez brisé !...

C'est Alfred de Vigny, qui, dans ses Poèmes antiques, nous fait assister à la rencontre de Dieu et de Moïse sur le mont Nébo :

Et debout devant Dieu, Moïse ayant pris place,
Dans le nuage obscur lui parlait face à face.....

C'est Alfred de Musset qui fait du lyrisme quelque chose de haut et de fier dans son beau poème « l'Espoir en Dieu », dans lequel, après nous avoir découvert la plaie de son doute, que toutes les philosophies du monde n'ont pu guérir, et qui rend si douloureux un septicisme avec lequel tant d'autres vivent en paix, nous déclare avec amertume :

Je ne puis, malgré moi, l'Infini me tourmente,
Je n'y saurais songer sans crainte et sans espoir,
Et, quoi qu'on en ait dit, ma raison s'épouvante
De ne pas le comprendre, et pourtant de le voir...

Poésie poignante, que l'auteur, lassé par le mutisme ou l'ignorance des faiseurs de systèmes, clôt par cette belle prière :

O toi que nul n'a pu connaître
Et n'a renié sans mentir,
Réponds-moi, toi qui m'as fait naître
Et demain me feras mourir...
. . . .
Le monde entier te glorifie,
L'oiseau te chante sur son nid,
Et pour une goutte de pluie,
Des milliers d'êtres t'ont béni...
. . . .
Le doute a désolé la terre,
Nous en voyons trop ou trop peu.
. . . .
Soulève les voiles du monde
Et montre-toi, Dieu juste et bon !

Tu n'apercevras sur la terre
Qu'un ardent amour de la foi,
Et l'humanité tout entière
Se prosternera devant toi !

C'est Eugène Manuel, un juif, qui cherche comment Dieu forge une âme :

Dans la foule, secrètement,
Dieu parfois prend une âme neuve,
Qu'il veut amener lentement
Jusqu'à Lui d'épreuve en épreuve...

Nous voyons bien le souffle, l'idée du divin dans ces poètes illustres, et dont les œuvres sont belles, mais le profond sentiment religieux, l'amour, en est absent, et le christianisme ne transparaît réellement que dans les poésies de Lamartine. Son Ode au Crucifix restera comme un modèle d'inspiration foncièrement chrétienne, ce crucifix recueilli sur un mourant, que le poète reconnaît et salue avec piété et avec foi :

> Symbole deux fois saint, don d'une main mourante,
> Image de mon Dieu !

Depuis le siècle de François d'Assise, c'est donc la grande exception, parmi nos poètes, à part ceux du dix-septième siècle, qui a obéi à une inspiration franchement chrétienne.

Nos poètes ont aimé la nature et l'ont chantée, mais ils l'ont aimée pour elle-même, et non pour l'amour de Dieu, comme l'avait aimée François d'Assise, et ils n'ont pas toujours songé, en la célébrant, qu'elle est un don du Créateur, et qu'il faut l'en remercier.

Ils ont chanté l'amour, certes, d'une façon constante et triomphale, notre littérature est pleine de chants d'amour, mais ce n'est pas l'amour divin, c'est presque toujours la Muse, la femme, ou une femme, que nos poètes ont célébrée.

Répétons donc notre seconde question : Est-ce

que la France aimerait moins Dieu que la patrie de François d'Assise et de Thérèse d'Avila ?

Nous ne le croyons pas. Nous ne croyons pas que la France, la vraie, la profonde, la sincère, aime moins Dieu que les nations-sœurs d'outre-monts. Nous ne lui croyons pas l'âme moins chrétienne, mais elle est sûrement moins pratiquante. Son sentiment religieux a peut-être moins d'ardeur, moins de fougue et d'éclat. Elle aime peut-être Dieu avec plus de discrétion, de pudeur, de retenue, avec moins de tendresse et de feu. Et puis, en France, on n'aime pas faire état de sa religion ; volontiers on garde le silence sur cette question, qui touche à nos fibres les plus profondes, mais dont nous redoutons de faire étalage, tant le pharisaïsme nous est odieux.

Cherchons donc l'explication de cette froideur du sentiment religieux dans nos œuvres poétiques, toujours un peu courtes de souffle et d'inspiration.

Il faut, je crois, trouver cette explication dans la nature de notre tempérament national.

Au point de vue psychologique, nous ne sommes ni des mystiques, ni des contemplatifs, mais des êtres de raison, de mesure, de clarté, de liberté d'esprit et d'activité. Nous aimons l'action plus que la contemplation, et nous y réussissons mieux.

A cause de cette nature d'âme, notre tempérament poétique n'est pas d'une telle envolée que nous éprouvions souvent le besoin de chanter Dieu. Nous n'avons pas produit de grande épopée religieuse comme les Italiens et les Espagnols, et pas de morceaux lyriques comparables aux Psaumes. Notre calendrier liturgique n'est pas si riche en saints que celui de l'Italie et de l'Espagne. Et les saints français sont moins des mystiques que des saints utilitaires et militants. Sainte Geneviève, saint Martin, saint Louis, Jeanne d'Arc, saint Vincent de Paul ont tous occupé leur vie à des œuvres d'une utilité immédiate et précise. Nous n'avons point de Pierre d'Alcantara, de Thérèse d'Avila, de Madeleine de Pazzi, d'Angèle de Foligno. Point de prophètes chez nous, peu ou point de visionnaires et d'extatiques. Quand nous élevons notre âme vers Dieu pour prier, nous disons des choses précises et que nous voulons réaliser.

A part cette raison de tempérament national, nous sommes aussi, hélas ! le peuple du scepticisme et de la libre-pensée. Il semble que la France soit un terrain prédestiné, un champ clos, où les idées se choquent et où les opinions s'expérimentent, où la pensée libre et la pensée dogmatique se font la guerre et sont tour à tour victorieuses et vaincues. On dirait que la France, si douce, est destinée à servir éternellement de champ de bataille à Lucifer et à l'Archange saint Michel.

Et de fait, nous avons toujours laissé les philosophes poser leurs éternels pourquoi. Tous les systèmes, toutes les théories subversives, areligieuses et antireligieuses ont eu cours chez nous, depuis la critique endiablée d'un Rabelais, depuis l'inquiétant « Que sais-je ? » d'un Montaigne, qui sont dans les mains de toutes nos jeunes normaliennes et de toutes nos lycéennes, jusqu'au hideux sarcasme de Voltaire, à l'inconscience de Rousseau, et à la négation arrêtée des Encyclopédistes et de toute l'école athée et libre-penseuse de notre temps.

C'est en partie à cette grande liberté de parler et d'écrire, qui confine à la licence, que nous devons le souffle de scepticisme qui, chez nous, a dévoré tant d'âmes, et a fermé tant de cœurs à Jésus-Christ et à son Eglise.

Telles nous paraîssent être les raisons de la pauvreté du sentiment religieux dans nos productions poétiques.

Mais, d'autre part, si, grâce à ce droit excessif d'opinion, beaucoup d'âmes françaises aiment Dieu et Le prient non par ordre, ni par imitation, ni par convenance, ni par servilité, ni par snobisme, mais par volonté, par un abandon à Dieu de la seule, de l'unique chose qui nous appartienne en propre, notre libre-arbitre, rien que pour ce libre hommage d'une élite française, Dieu, nous en avons la confiance, aime notre patrie d'un amour de prédilection.

Et la preuve, c'est qu'Il nous aide en ce moment à revenir à Lui. On le voit à des signes certains. Un souffle de fierté et d'ardeur a redressé nombre de jeunes âmes, que le scientisme et le naturalisme ont déçues ou dégoûtées, l'idée religieuse hante les cerveaux, le sentiment religieux oppresse les cœurs : on dirait que la France a la nostalgie de Dieu.

Et ces signes n'ont pas tardé à se manifester dans notre littérature, où monte à l'heure actuelle une sève vigoureuse, qui crée dans notre vie nationale un renouveau de pensée et d'action religieuses.

De grands musiciens, de grands maîtres, ont uni la poésie à leur superbe musique d'église dans des cantates, des oratorios ou des poèmes, dont l'inspiration est directement tirée de l'Evangile et de la Bible. Parmi les plus grands, César Franck et Gounod, profondément chrétiens ou tertiaires de saint François, ont fait de la musique sacrée un très grand art, employé comme une voix plus belle et plus céleste, pour chanter la gloire de Jésus-Christ et de son Eglise.

A côté de ces grands musiciens religieux, toute une école de jeunes poètes ont cherché leur inspiration dans le plus pur sentiment chrétien, et se sont affirmés fièrement catholiques. Citons les deux bardes bretons, Botrel et Charles Le Goffic, Ernest Psichari, le petit fils de Renan, qui, voulant réparer le mal fait à l'Eglise par l'apostasie de son grand-père, se préparait à devenir simple curé d'une petite paroisse bretonne, comme aurait dû l'être Renan. Il est mort au champ d'honneur. Mort également le poète Charles Péguy, dont l'œuvre est tout à fait intéressante et originale.

Charles Péguy a écrit en prose rythmée, en prose poétique renouvelée des Poèmes de Geste, le Mystère des Saints Innocents, et le Mystère de Jeanne d'Arc.

La sainte la plus grande après Sainte Marie.

Son œuvre en vers contient des pages d'une grande beauté, et son inspiration témoigne d'un christianisme très pur et très profond. Citons parmi ses poèmes *La tapisserie de sainte Geneviève, la Tapisserie de Notre-Dame,* et un poème épique, *Eve,* qui devait être, nous dit son auteur, « l'œuvre la plus considérable qui ait été produite en catholicité depuis le quatorzième siècle, Polyeucte excepté, un poème plus fort que le Paradis du Dante, car, s'il faut le mal et le péché aux autres poètes pour faire des choses intéressantes, moi, je ne travaille pas dans le péché ; je suis un pécheur, mais il n'y a pas un péché dans mon œuvre. Il n'y a que Corneille qui ait travaillé comme ça, et il est plus fort que moi. Jamais je n'atteindrai Polyeucte » (1).

(1) Cité par la *Croix*, supplément du 15 septembre 1916.

Eve n'a pas été achevée, Péguy y travaillait encore dans les loisirs du champ de bataille, où il a été fauché par la mitraille. Ses derniers vers sont comme un testament :

> Heureux ceux qui sont morts dans les grandes batailles,..
> Couchés dessus le sol à la face de Dieu,
> Heureux ceux qui sont morts pour des cités charnelles,
> Car elles sont le corps de la Cité de Dieu !
>
> Heureux ceux qui sont morts pour leur âtre et leur feu,.
> Et les pauvres honneurs des maisons paternelles...
> Heureux ceux qui sont morts dans une juste guerre,
> Heureux les épis mûrs et les blés moissonnés !

Un de nos grands poètes contemporains, Edmond Rostand, s'est inspiré de François d'Assise dans le quatrième acte de *Chanteclerc*, qu'il intitule « La nuit du Rossignol ».

L'action se passe au milieu de la forêt, à l'heure douce où le jour tombe, l'heure de « l'ombre qui simplifie, de la paix qui soulage ». « Dans tout le sous-bois, à perte de vue, des lapins hument le soir », et, dans ce moment divin de silence et de fraîcheur, mille voix dans les feuilles

> Vont dire l'oraison du soir,

la prière des petits oiseaux. L'un commence :

> Dieu des petits oiseaux,
> Qui pour nous alléger mis de l'air dans nos os,
> Et pour nous embellir mis du ciel sur nos plumes,

Merci de ce beau jour, de la source où nous bûmes,
Des grains qu'ont épluchés nos becs minutieux,
De nous avoir donné d'excellents petits yeux
Qui voient les ennemis invisibles des hommes ;
De nous avoir munis, jardiniers que nous sommes,
De bons petits outils de corne, blonds ou noirs,
Qui sont des sécateurs et des échenilloirs.....

Un autre reprend :

Demain nous combattrons les chardons et les nielles,
Pardonnez-nous, ce soir, nos fautes vénielles,
Et d'avoir dégarni deux ou trois groseilliers.....

Un troisième :

Seigneur, si l'homme injuste, en nous jetant des
Nous paye de l'avoir entouré de chansons |pierres,
Et d'avoir disputé son pain aux charançons,
Si dans quelque filet notre famille est prise,
Faites-nous souvenir de saint François d'Assise,
Et qu'il faut pardonner à l'homme ses réseaux,
Parce qu'un homme a dit : « Mes frères les oiseaux » !
Et vous, François, grand saint, bénisseur de nos ailes,
Priez pour nous.

Puis, l'un après l'autre, en litanie :

Prédicateur des hirondelles,
Confesseur des pinsons,
Priez pour nous.

. . . .

Obtenez-nous, François d'Assise,
Le grain d'orge,
Le grain de blé,
Le grain de mil !

A quoi, toutes les voix d'oiseaux, « dans un susurrement qui court jusqu'au bout de la forêt » répondent :

Ainsi soit-il.
> Ainsi soit-il.
>> Ainsi soit-il !

En France, nous le voyons par ces quelques exemples, le sentiment religieux s'est approfondi chez nos poètes contemporains, qui ont retrouvé la haute inspiration chrétienne du dix-septième siècle, et avec eux, la France de 1917 est plus près de saint François que la France du siècle dernier, parce qu'elle est plus près du Christ.

Ces œuvres nouvelles, quoique très chrétiennes, ne sont cependant pas à proprement parler des œuvres franciscaines, et nous ne pouvons pas en renvoyer l'honneur au Poète d'Assise.

Heureusement la France compte des poètes franciscains parmi les religieux du premier Ordre, et quelques-uns parmi les laïques du troisième. Un des plus notoires de ces derniers est le comte Anatole de Ségur, auteur de nombreuses pièces religieuses, et d'un beau poème sur saint François, où toute la vie du saint est racontée en vers pleins de grâce naïve et de simplicité.

Le *Poème de saint François* du Comte Anatole de Ségur, a paru en 1872. Sans avoir l'ampleur et le souffle puissant d'une épopée, il raconte en vers agréables la geste de Saint François. Il se compose de cinq livres divisés en chapitres ou chants d'importance inégale, chacun de ces chants relatant un trait de la vie du saint.

Quelques uns ont le charme et la douceur d'une idylle, tels : *Saint François prêche aux oiseaux, Les Tourterelles de saint François, Le concert de saint François et du Rossignol, Le Mystère du bonheur :*

Léon, frère Léon, doux agneau du Seigneur,
Je veux t'apprendre en quoi gît le parfait bonheur !

D'autres semblent des églogues champêtres peignant les rapports fraternels du séraphique Jongleur de Dieu avec ses animaux préférés, les brebis, les alouettes, etc.

D'autres encore, comme des fables pleines d'agrément et de finesse, racontent lestement des incidents de la vie de couvent : « *Frère Mouche, Frère Saint-Jean, La gourmandise de saint François, etc.*

La scène de l'Alverne est empruntée aux pensées et aux sentiments des deux poèmes attribués à saint François : *In foco amor mi mise* et *Amor di Caritate.*

Enfin le Poème se termine par une *Prière à saint François,* écrite avec les sentiments d'amour et de confiance d'un fils pour un Père tendrement aimé.

Le Comte Anatole de Ségur s'est inspiré des Fioretti, de la légende des Trois Compagnons et de la vie écrite par saint Bonaventure, pour écrire cette belle page à la gloire de François d'Assise.

« Sans doute, nous ne pouvons pas citer un grand nombre de religieux franciscains ayant publié des œuvres poétiques, bien qu'il nous fût aisé, en parcourant les diverses revues de l'Ordre, de recueillir une superbe anthologie de pièces écrites sous l'inspiration du Poète d'Assise, imprégnées du même idéal : l'amour de la nature, de Dieu, de la Vierge et des Saints. On y sentirait que l'âme ardente et lyrique du sublime « Jongleur de Dieu » n'a jamais cessé d'agiter mélodieusement celle de ses enfants, qui, à travers les siècles, se sont fait l'harmonieux écho des sentiments de leur Père. Telle pièce d'un humble religieux, d'une modeste Clarisse, qui, la plupart du temps, ont voulu rester ensevelis sous le voile de l'anonymat, nous révèle un vrai poète dont le cœur a vibré comme une harpe, à l'aspect des beautés de la terre et du ciel.

« Leur profession d'oubli personnel et de renoncement, même à ce qui paraît une superfluité intellectuelle, en même temps que le ministère très actif auquel se livrent par vocation les religieux du premier Ordre, leur a difficilement permis de se prêter à la publication d'œuvres poétiques de longue haleine. La plupart se sont contentés de faire de la poésie en action, en s'efforçant de retracer dans leur vie les admirables vertus qui revêtent d'un cachet si doux et si aimable la figure de leur Séraphique Père.

« Il en est un cependant qui, par l'étendue et les réelles qualités de son œuvre poétique, mérite une mention spéciale. C'est le Père *Martial de Brives,* capucin du dix-septième siècle, dont les vers furent réunis, quelque temps après sa mort, en un seul volume d'environ six cents pages, sous ce titre : *Le Parnasse séraphique.* C'est un ouvrage très remarquable par la richesse du vocabulaire, l'ampleur du style, la beauté des rythmes et l'étonnante facilité de la versification. Charles Nodier n'hésitait pas à proclamer le Père Martial, un des plus grands poètes franciscains, et il ajoutait que Malherbe, son illustre contemporain, n'avait pas écrit des strophes plus mélodieuses.

« Le Père Martial se rattache en droite ligne à la pléiade des premiers poètes de l'Ecole franciscaine. C'est à la fois un lyrique et un mystique enflammé, soit qu'il chante Dieu et ses œuvres, le Christ, la Vierge ou les saints, soit que, dans un long poème, il retrace les victoires de la grâce sur la nature dans l'âme de saint Alexis, symbole saisissant des luttes dont le cœur de tout homme est le théâtre.

« La lecture de ses œuvres est du plus haut intérêt, non seulement au point de vue franciscain, mais au point de vue littéraire, car on y pressent, au milieu des défauts inhérents à l'époque : pointes, concetti, préciosité, la mâle noblesse et la précision du vers cornélien. On y voit aussi un amour profond et sincère de la nature, qui devance l'époque où vivait l'auteur, comme, par exemple, la superbe paraphrase du Cantique *Benedicite,* d'où Jean-Baptiste Rousseau a extrait sa douteuse métaphore de « l'écorce des eaux », pour désigner la glace.

« L'ouvrage que le Père Martial écrit à l'aurore de notre littérature classique, nous fait profondément regretter qu'à une époque où le verbe français a acquis la dernière perfection, aucun de nos grands poètes n'ait songé à exploiter le filon poétique ouvert jadis par le grand poète d'Assise » (1).

Nous ne nommerons pas les religieux poètes de l'époque contemporaine afin de ne pas blesser leur modestie, mais nous pouvons citer quelques-unes de leurs œuvres, entr'autres, *Le Mystère de saint François,* drame religieux en trois parties, écrit en prose, et paru récemment. L'auteur y présente les principaux traits de la vie du Patriarche d'Assise, au milieu de ses compagnons.

(1) R. P. Sébastien.

Il s'est attaché à faire revivre la couleur locale d'Assise au treizième siècle, et les caractères de chacun des personnages dont il entoure le saint. Son ouvrage respire un air tout à fait moyenâgeux ; on sent et on voit que le poète a vécu en communion intime avec le fondateur de son Ordre, et que la vie du grand Saint est présente à ses yeux et vivante à son cœur.

Le Mystère de saint François est une véritable évocation, la résurrection d'un moment unique dans l'histoire de l'Italie et dans l'histoire religieuse du monde ; c'est une page sociale pleine de force et de vérité, qui montre ce que François d'Assise a fait pour le peuple, pour les pauvres et les déshérités de la terre, c'est une belle thèse de socialisme chrétien.

Voici encore un volume de quatre cents pages : *La lyre de saint François.* C'est un choix de Cantiques à l'usage des fraternités du Tiers-Ordre, où l'on trouve des Cantiques de saint François, traduits et rythmés en vers français, des cantiques à saint François, d'autres à saint Antoine, et des chants en l'honneur de Dieu et de la Sainte Vierge.

Parmi les cantiques de saint François, mis en vers français, le Cantique des Créatures : *Loué sois-tu, mon Seigneur, pour toute la nature,* le Cantique des Stigmates, qui lui est attribué : *L'amour m'a mis dans le foyer !*

Parmi les cantiques à saint François : *C'est le héraut du Roi des rois, Chantons le roi de la jeunesse, O Séraphin d'Assise,* etc.

Deux autres volumes, *Les Voix célestes* et la *Harpe séraphique*, nous présentent des chants religieux et des poèmes débordant de foi, d'enthousiasme, de verve et de lyrisme.

Enfin un grand nombre de Frères Mineurs de toutes les provinces de France, des religieuses franciscaines, des prêtres séculiers tertiaires ont rimé en l'honneur de saint François et à l'usage des Fraternités du Tiers-Ordre, pour être chantés dans les réunions, des Cantiques et des Hymnes très beaux et très touchants.

Tous ces poètes, cachés sous la modeste bure franciscaine, et dont le talent est employé à chanter les louanges de Dieu et des Saints, tous plus ou moins poètes de la nature, mais tous poètes de l'âme, poètes de l'immatériel, procèdent directement de l'impulsion donnée par le Séraphique Poète d'Assise.

Fils de saint François, ils ont voulu, à l'exemple de leur Père, être, eux aussi, des Jongleurs de Dieu, puisqu'ils se sont attachés à composer des poésies destinées à être chantées, des poésies d'idée simple, claire, précise, d'une marque bien française, analogue à celle que nous avons remarquée dans le Cantique des Créatures et dans les Laudes de François d'Assise.

Ils ont retrouvé la vraie tradition du Jongleur de Dieu du treizième siècle ; et, seuls des poètes français que nous avons cités, ils appartiennent à l'Ecole poétique fondée il y a sept cents ans par le Poète de l'Amour Divin, par ce grand saint, si bien nôtre par la netteté de la pensée, par la simplicité et la logique des sentiments, par la précision de son clair génie ; et nôtre aussi par la prédilection qu'il portait à « la doulce France », où il distinguait, sous le voile de la gaîté gauloise, que l'on confond trop souvent avec la légèreté de caractère, et qu'on nous reprocha toujours, le respect profond, l'amour sans phrases et sans gestes que nous portons à Notre Seigneur Jésus-Christ, dans la Sainte Eucharistie.

C'est pourquoi nous espérons que la bénédiction du saint patriarche d'Assise sera plus que jamais sur notre pays, et fera de lui un foyer de fraternités franciscaines, aussi nombreuses que les fraternités italiennes du treizième siècle ; et nous souhaitons, en cette aurore de l'année 1917, que, chez nous, le Poète de l'amour divin engendre des fils qui illustrent l'Ecole de Poésie séraphique, en même temps que la patrie bien-aimée.

Pour terminer cette étude sur saint François poète, précisons et résumons notre pensée sur le lyrisme du Jongleur de Dieu, Poète de l'amour divin, chef de l'Ecole de poésie séraphique.

François d'Assise, « l'Ange qui montait d'où se lève le soleil, ayant le signe du Dieu vivant » (1), a été pleinement et magnifiquement poète, parce qu'il a personnifié et irradié l'amour, la plus haute et la plus féconde de toutes les sources de poésie.

Il a personnifié l'amour dans son corps et dans son âme ; il l'a personnifié dans son corps, qui a été marqué de l'empreinte divine par les stigmates de la Passion du Christ, l'Amour fait homme, l'Amour mis en croix, après les travaux de l'apostolat et les douleurs du Jardin des Oliviers, du prétoire, et du Calvaire. Il l'a personnifié dans son âme, car le Christ l'a nommé son gonfalonier, et lui a donné l'héritage de son amour. C'est l'amour qui l'a fait pauvre, l'amour qui l'a fait humble et petit ; c'est aussi l'amour qui l'a fait père d'une postérité religieuse nombreuse « comme les étoiles du ciel ».

L'ayant reçu, il l'a rendu sans compter. Il l'a irradié comme les soleils qui, ayant reçu la flamme, la renvoient par tous les rayons qu'ils projettent sur l'univers.

Il l'a irradié lui-même par son cœur très pur et très aimant. Il l'a irradié par ses œuvres. Il l'a irradié par ses fils.

______

(1) *Apocalypse*, VII, 2, 3.

Par son cœur, car il a aimé magnifiquement comme nul n'avait aimé depuis le Christ. Il a aimé tous les êtres en Dieu, et il a aimé Dieu en tous les êtres. Il a aimé dans la nature, le témoin et « l'ouvrier de Dieu », et, dans l'homme, la créature choisie pour L'adorer et Lui rendre grâces « en esprit et en vérité ». Il a aimé avec joie, versant son amour comme un chant sur tout être, mendiant en chantant, souffrant en chantant, mourant en chantant. Il a aimé avec générosité, car il a tout donné, et il s'est donné lui-même tout entier à Dieu, qui l'a marqué de ses cinq sceaux, afin que nul n'ignorât qu'il lui appartenait en propre ; et il s'est donné à tous, depuis ceux qu'il a élus comme ses fils et à qui il a promis son héritage, jusqu'aux pauvres lépreux, dont il baisait les plaies hideuses, jusqu'aux humbles fleurettes des champs et aux bestioles du chemin, qu'il a nommées ses frères et ses sœurs.

Il l'a irradié par ses œuvres, car ayant dit au Père comme le Christ l'avait dit : « Voici que je viens pour faire votre volonté », le Père l'a pris pour accomplir dans la société corrompue du treizième siècle l'œuvre de régénération et de salut ; pour confondre la simonie par le désintéressement, l'amour des richesses par la pauvreté, l'incrédulité par la foi, l'orgueil par l'humilité, l'égoïsme par la charité, les œuvres de sang et de mort par les œuvres de paix et de vie, la haine enfin par l'amour. En lui, un homme libre, un homme de bonne volonté, s'est offert librement à la Divinité pour l'aider à refaire dans l'humanité médiévale l'œuvre du Christ, qu'une humanité malfaisante avait librement corrompue.

Enfin il a irradié l'amour par ses fils, qui l'ont épandu magnifiquement sur toute la terre, parce qu'à l'exemple du Séraphique Père, ils n'ont rien gardé d'eux, ni leur corps, ni leur volonté, ni leurs richesses. Ils ont épandu l'amour à plein cœur, par leurs paroles et par leurs œuvres, consolant, relevant, guidant les malheureux, les défaillants, les petits et les humbles dans cette marche à l'Etoile qu'est notre cheminement terrestre vers le Paradis éternel, irradiant la paix et la joie avec l'amour, comme avait fait leur Père et leur Maître lorsqu'il allait Jongleur de Dieu, sur les routes de l'Ombrie, à la suite lui-même du Souverain, de l'Eternel Poète, le Christ Jésus, le Seigneur Dieu, de Celui qui a créé la vie, la beauté et la bonté, qui a su enfermer la vie dans le plus petit des germes, la beauté dans les nuances infinies de l'arc-en-ciel, et la bonté dans l'acte libre de la créature « faite à son image et à sa ressemblance », de Celui d'où toute poésie descend comme une harmonie éternelle, et vers lequel toute poésie remonte comme une prière, le Seigneur Dieu, le Christ Jésus,

qui, errant Lui-même par les chemins d'ici-bas,
dans la Samarie, dans la Galilée et dans la
Judée, écoutait les voix du soir et les soupirs
de la nuit, parce que tout dans la nature, « du
haut en bas de l'échelle des êtres, des immen-
sités jusqu'aux petitesses, également insonda-
bles dans les abîmes où elles reculent, tout
lui chantait son Dieu, tout lui disait sa gloire,
et tout proclamait grand, et beau, et puissant,
et magnifique, le Créateur universel » (1).

Qu'il nous soit donc permis, à nous aussi,
d'ajouter une strophe à l'admirable cantique du
Poète de l'Amour divin. Que les étoiles des
cieux et Messire le soleil si beau, que les
fleurs des prairies et les oiseaux des champs,
que les poissons des grandes mers et les fauves
des bois, que la vague des Océans et les tièdes
zéphyrs parfumés, que les humbles et les grands,
les riches et les pauvres, que tous les hommes,
enfants de Dieu et de l'Eglise universelle, que
la Création tout entière loue et bénisse celui
qui l'a tant louée et bénie, le grand ami du
Christ, celui dont l'influence a résisté depuis
sept cents ans à toutes les révolutions, celui
qui a forcé l'admiration des croyants et des
intellectuels, celui qu'on aime, qu'on vénère et

(1) Sertillanges, *Jésus*, p. 237.

Qu'on chante, parce qu'il est *Alter Christus,* un autre Christ !

Qu'à jamais soit loué et béni Notre Seigneur Jésus-Christ et son petit serviteur François d'Assise !

PARIS, ce 15 Janvier 1917

TABLE DES MATIÈRES

CHAPITRE IV

SUITE DES ŒUVRES LYRIQUES DR SAINT FRANÇOIS
LES LAUDES

CHAPITRE V

SUITE DES ŒUVRES LYRIQUES DE SAINT FRANÇOIS
LES POÈMES

CHAPITRE VI

CARACTÈRES DU LYRISME DE SAINT FRANÇOIS ET CAUSES
QUI ONT FAVORISÉ SON GÉNIE

Pages.

CHAPITRE VII

INFLUENCE DE FRANÇOIS D'ASSISE
SUR LA POÉSIE ITALIENNE ET ESPAGNOLE

CHAPITRE VIII

INFLUENCE DE FRANÇOIS D'ASSISE
SUR LA POÉSIE FRANÇAISE

Montpellier. — Imprimerie de la Manufacture de la Charité.